FERRAN TORRENT

CAVALL I REI

EDICIONS DELS QUADERNS CREMA

Publicat per Quaderns Crema
Vallcorba editor, S. A.
F. Valls i Taberner, 8, baixos - 08006 Barcelona
212 87 66 - 212 38 08
Fax 418 23 17

Coberta: Vallcorba, sobre il·lustració d'arxiu

ISBN: 84-7727-045-7
Dipòsit legal: B. 29.885–1989

Compost per Quaderns Crema
Imprès per Libergraf, S. A.
Relligat per Flama, S. A.

1a. edició: setembre del 1989
1a. reimpressió: setembre del 1989

TAULA

I, 9   II, 21   III, 27
IV, 53   V, 79   VI, 81   VII, 111
VIII, 123   IX, 161   X, 195

– Certament, jo no vaig fer mai l'amor amb la meua dona abans del matrimoni. ¿I vosté?

– Doncs... No n'estic segur. ¿Com es diu ella?

ANÒNIM

I

Un grapat de ciutadans assedegats de truculència tafanejaven al voltant del cadàver. L'espectacle havia convocat un grup nodrit de veïns al mig del carrer, fins on havia anat a parar el cos del suïcida després de rebotar en el capó d'un Volkswagen estacionat en doble fila. L'incident obstaculitzava el trànsit de l'hora punta i alguns conductors s'impacientaren: va sonar un clàxon i tot seguit hi hagué un intercanvi d'insults entre el públic i els conductors. L'altercat fou resolt per un taxista que, coratjós, va regular el trànsit, persuadint el veïnat, la majoria dones, per tal que deixaren un carril lliure.

S'obrí per fi un corredor estret, que obligava els conductors a menar el cotxe amb prudència, sota la vigilància crispada dels vianants. De sobte, una mestressa de silueta paquidèrmica començà a increpar els automobilistes, un a un. Jo era a la cua, esperant que m'arribés el torn d'insults, però la corpulenta senyora, davant la indiferència receptiva dels conductors, s'estimà més encetar una esplèndida poma i retornar la seua curiositat al cadàver. Poc després se sentí l'udol d'un zeta de la policia. Llavors vaig aparcar el cotxe uns metres més enllà del Volkswagen i des d'una cabina vaig telefonar a la redacció.

Aprofitant l'escletxa que amb pas enèrgic obrien dos policies vaig aconseguir plantar-me als peus del cadàver. Era una dona no excessivament anciana, però amb la bellesa rebentada per una caiguda violenta. Tenia els ulls en blanc, un fil de sang li sorgia de la boca, mentre que per baix de la falda s'observava la inflexió d'un os que havia travessat els teixits de la pell.

Els dos policies escrutaren la víctima amb displicència professional i ordenaren als veïns que eixamplaren el cercle. A tocar del cadàver, el taxista continuava la seua tasca de municipal espontani. Aleshores vaig veure el senyor Martorell, president del Consell Assessor del diari, que venia al meu encontre des de l'altra banda del carrer.

— Es preguntava Cioran com abandonar un món en què encara es pot estar sol. ¿Tu has llegit Cioran, Barrera?

— No.

— Tanmateix ella estava sola, immensament sola — m'oferí un cigarret —. S'ha llançat des del terrat — digué alçant la vista i deixant anar la veu amb un bleix de fatiga.

— ¿La coneixia?

— Ella vivia al cinqué, jo vuit pisos més amunt. Tot el que sé és que era soltera, vivia sola en companyia d'un gosset i era silenciosa. Poca cosa perquè s'interesse un periodista.

— Anava de camí...

— Recorda, Barrera, que jo també he sigut periodista.

— En realitat m'interessa Tordera. He vist que arribava el cotxe de la policia i he decidit quedar-me. Siga com siga faré un peu de foto.

— Potser a ella li hauria fet il·lusió veure's en un diari — ironitzà Martorell.

— ¿Com li deien?

— No ho sé, ja t'he dit que vivia lluny d'ella.

Va arribar un altre cotxe zeta. Un policia reemplaçà el taxista mentre el seu company custodiava el sots-comissari fins on era estés el cadàver. A l'advertir, però, la presència de Martorell, el sots-comissari s'acuità a saludar-lo.

— Celebre veure'l, senyor Martorell — féu Tordera amb un gest d'educació evidentment assajat —. ¿Com es troba?

— Ja veus, matant el cuquet amb els xicots de la premsa.

— Ja no queden periodistes com vosté. Llàstima que s'haja jubilat — en dir això Tordera em féu una llambregada fugaç i tot d'una s'adreçà al públic —: Senyores, deixen córrer l'aire!

— Com dèiem fa uns anys, no hi ha res com la sang, la merda i la bòfia per atraure les mosques.

— Vosté sempre tan filosòfic, senyor Martorell — el sots-comissari palanquejà el somriure.

— ¿Què hi ha del cas de la prostituta? — vaig preguntar.

— Què cony ha d'haver! — esclatà Tordera, que de colp i volta canvià d'expressió —. Palma una prostituta per sobredosi i aquest conyàs de periodista vol que la comissaria li dedique una investigació!

— També les putes són a l'arxiu — contestà el vell periodista.

—Sens dubte, però hi ha un ordre de prioritats. Portem quaranta morts per sobredosi en dos mesos. Una partida d'heroïna pura que està fent estralls entre la joventut.

—Mabel no es picava.

—Doncs l'autòpsia diu el contrari. És la teua paraula contra l'informe del metge.

—És la paraula del seu germà.

—Mira, Barrera, tinc un cadàver ací als peus. I això, en termes burocràtics, vol dir feina. Feina d'aquella que s'ha de fer. ¿Entesos?

—Els cadàvers no tenen pressa.

—Ells potser no, però jo sí. Si vols ampliar detalls sobre la puta, passa't per comissaria.

—He anat aquest matí i no hi eres.

—Potser m'has agafat al lavabo, ves per on.

Es presentà l'equip d'identificació i procediren amb les empremtes de la víctima. La dona que adés havia increpat els automobilistes mantenia ara una picabaralla verbal amb un jove que se li havia posat davant. El metge de necrodactilars pregà al públic que fes unes passes enrere; ho féu educadament, però ningú es va moure. Actuaren les forces de l'ordre.

Bo i caminant, Tordera prosseguí amb allò que pensava dels periodistes com jo, que entrebancàvem la tasca policial, d'altra banda feixuga segons reconegué el senyor Martorell no sense un bri de malícia calculada.

Ens enfilàrem cap a l'ascensor buscant la terrassa.

—Aquesta setmana tindràs feina de valent —m'espetà Tordera –. Han segrestat l'industrial Bernat Ros. Oblida't de la puta.

– ¿Quan l'han segrestat? – inquirí Martorell.

– La família ens ha avisat de bon matí, però fa uns dies que falta de casa.

– I ¿per què han tardat a avisar-vos? – insistí Martorell.

– Estem davant d'un cas habitual. Sembla que no s'han arreglat en les pretensions econòmiques i ara acudeixen a nosaltres... amb el desavantatge que suposa iniciar una investigació amb tres o quatre dies perduts.

– ¿Ho sap la premsa? – vaig preguntar.

– ¿Tu què creus, que ets l'únic periodista amb dret a la informació?

– Si així fóra ja sabria alguna cosa de Mabel.

– Torna-li amb la puta! Amb tu no hi ha manera, quan t'encabotes ets un plom de l'hòstia! T'acabe de donar una notícia de primera plana i tu enderiat amb la fulana – el sots-comissari esbufegà –. A la una del migdia un portaveu de la família Ros concedirà una roda de premsa. Probablement en el teu diari ja ho sabran, no obstant t'informe que tindrà lloc a casa dels Ros.

– On?

– En un xaletet de la urbanització Santa Bàrbara. ¿Estàs content?

– No li faces cas; Barrera és un insatisfet – intervingué Martorell, oportú, perquè la xerrameca de Tordera ja em tenia més amunt de la soca.

De la terrassa estant, la ciutat no semblava sinó una enorme claveguera. Un bosc frondós d'antenes i una intensa pol·lució harmonitzaven el paisatge urbà. Bandejant roba estesa férem cap fins a la barana que donava al carrer. Polidament ordenades a l'ampit, dues sabates ens indicaven el punt exacte des d'on s'havia llançat la dona.

— Els morts sempre perden les sabates — digué el senyor Martorell, absorbit de sobte per les reflexions —. O potser les deixen en un intent desesperat d'aferrar-se a la terra.

— La mort és espantosa — matisà el sots-comissari mentre perdia la mirada en el buit.

— La mort és l'únic acte de justícia que ens iguala a tots — Martorell encengué un cigarret —. La immortalitat perpetua un error fins a l'infinit, deia Schopenhauer — clavà l'esguard en el rostre del sots-comissari —. ¿Tu has llegit Schopenhauer, Tordera?

— Doncs... no senyor, però he fullejat Don Julián Marías.

Martorell fità amb benevolència el sots-comissari, que desvià l'atenció al carrer; un fotògraf del diari prenia instantànies del cadàver, al voltant del qual havia acordonat una zona lliure de ciutadans la policia.

— No m'acostumaré mai a la imatge de la mort — anotà Tordera agafant les sabates de l'ampit —. Però sense ella no existiria la policia — observà el semblant de Martorell i afegí —: ni la filosofia, és clar.

— Però sense la filosofia, Tordera, tots seríem més feliços.

— En efecte, senyor Martorell, en efecte. És una deducció summament lògica — conclogué el sots-comissari, incomodat pel diàleg. S'endinsà de nou entre el reguitzell de roba estesa buscant la porta de la terrassa.

Martorell m'interrogà amb la mirada, servint-se de l'absència momentània de Tordera.

No li vaig respondre. El meu bagatge filosòfic era el producte de la confecció quotidiana de dues planes de succesos d'un diari. No sé si era poc o molt, en tot cas era el que Martorell havia fet durant quaranta anys. Conèixer Schopenhauer, d'altra banda, no m'evitaria la sospita de ser llegit per paquidèrmiques ocioses.

– Al pis cinquè – li indicà Martorell al sots-comissari dins l'ascensor.

Tres veïnes amb el semblant enllagrimat mormolaven en el replà. Davant l'infortuni la xafarderia s'aguditza. El policia que era a la porta del pis es féu a una vora per deixar-nos passar. La decoració de l'habitatge era sòbria: es limitava a uns pocs mobles de raylite, els prestatges dels quals estaven plens de fotos familiars, emmarcades en quadres metàl·lics que el temps s'havia ocupat d'oxidar. Una finestra oberta empastifava la casa de patata fregida. En un angle, nugat a la pota d'una cadira, un gosset d'aspecte roder s'ho mirava amb desconcert. Al costat tenia un plat amb restes de menjar. Li vaig fregar el llom i m'obsequià amb una passada de llengua pel palmell de la mà.

– ¿Com li deien? – preguntà el sots-comissari examinant una foto de la suïcida.

– Maria – pogué articular una veïna, que esclatà en plors.

— Maria Valls Mas — completà una altra, aparentment menys afectada.

— Bo — féu Tordera mirant el rellotge —, cas arxivat. Tan aviat com acabà de pronunciar la frase ordenà al policia de la porta que busqués els documents de la víctima.

El policia cridà l'atenció del seu superior sobre la presència del gosset.

— ¿Què fem de l'animal? — digué, assenyalant la pota de la cadira.

— Avisa la gossera municipal — resolgué el sots-comissari, amb la satisfacció de la barbàrie complida.

— ¿Ja te'n vas? — requerí Martorell.

— Sí, senyor. Tenim una reunió a propòsit del segrest — s'acomiadà amb cortesia del vell periodista i m'apuntà amb un dit —. A tu et veuré a casa l'industrial Ros.

— Saluda el comissari de la meua banda — li encomanà Martorell, just quan Tordera obria la porta de l'ascensor.

— Ja ho està fent, sóc el nou comissari des de fa tres setmanes.

L'ascensor inicià la baixada, enduent-se el somriure ample de Tordera.

— ¿Tu has sentit això, Barrera?

— Sí, lamentablement.

— ¿I Garcia? ¿Què han fet del comissari Garcia?

— L'han exportat a Logronyo.

— Garcia es mereixia més.

— Estic d'acord, jo l'hauria enviat a Bilbao.

Martorell donà per bona l'ocurrència. Mentre el policia escorcollava en un armari rober vaig desnusar el gosset de la cadena que l'unia a la pota de la cadira. De primer, l'animalet es bellugà ací i allà potser ensumant l'absència de l'ama; després se m'assegué vora els camals, amb la mirada fixa en els meus gestos.

— Fa temps que no veig ton pare. Abans sovintejava el casinet, fèiem una partida i buidàvem la memòria de records.

— Mon pare quasi ha perdut l'hàbit de parlar. A penes ix de casa. Només baixa de tant en tant al gimnàs a veure els combats d'entrenament. S'ha tornat un home taciturn.

— No és estrany.

— Està malalt. Fa uns moments anava de camí a recollir els resultats de la biòpsia quan he ensopegat amb el suïcidi de la seua veïna.

— ¿Què té?

— El fetge. Es queixa molt. Em fa l'efecte que aquesta vegada va de bo.

Martorell em posà una mà sobre el muscle i adoptà una actitud confidencial.

— En realitat, la malaltia de ton pare és el somni esfondrat. El vell anarquista està cansat de viure. De vegades pense si no hem viscut aferrats a un error, o potser a una raó inútil.

— Siga com siga ha estat un error.

— Pensàvem que no podíem viure sense tenir fe en alguna esperança i morirem tenint fe en l'estupidesa humana. Ara ho teniu més fàcil, només vos heu de preocupar de viure – contemplà una foto de la suïcida –. Una tasca dura per a alguns – arronsà les celles –. Li deien Maria, no?

– Sí.

– Probablement, l'únic que necessitava era companyia.

– Tots necessitem algú – vaig dir de forma instintiva, influït per la mirada penetrant del gosset.

El policia isqué del dormitori amb uns documents a la mà. El senyor Martorell anà dret a la porta, jo el vaig seguir fins al replà i des d'allí vaig observar el gos, que amb la vista m'havia resseguit les passes amb les orelles plantades. Inclinà lleugerament el cap a la banda esquerra, com qui espera una resposta incerta.

– Sospite que Bernat Ros et donarà bons materials per a uns quants reportatges. És una de les famílies més influents de la ciutat. Se'n parlarà molt – resumí Martorell entrant a la plataforma de l'ascensor per pujar al seu pis –. A la nit aniré a fer-me una tassa de malta amb ton pare – digué tancant la porta d'una revolada –. Odie la malta! – se sentí des de dins.

L'al·legat antiabstèmic posà fi a la seua nostàlgia i em recordà la meua rutina. Baixí al carrer per les escales. Ja al hall de la finca vaig fer mitja volta per constatar la presència del gosset. Si jo feia un pas, ell m'imitava; si m'aturava, ell romania quiet, respectant la distància que imposa una amistat encara incipient.

A fora, l'ambulància s'emportava el cadàver i el veïnat reprenia l'ensopiment quotidià. La senyora i el jove que adés s'havien barallat ara s'engrescaven en un colloqui fraternal al bar d'enfront. El trànsit s'havia normalitzat i dos policies aprofitaven l'absència dels superiors fumant recolzats sobre un zeta. Tot allò tenia l'aparença d'un entreacte.

Vaig obrir la porta del cotxe i el gos se m'escolà a l'interior per sota del braç. S'hi assegué amb actitud monàrquica, bellugant la cua. El panorama li pintava negre. Engeguí el motor amb aquell copilot estrany al meu costat. Quan eixia del carrer arribava la gossera municipal. Els animals, vaig pensar, tenen en la insensatesa humana l'únic recurs possible.

II

La infermera feia l'efecte d'haver passat una nit sotragada. Se li havia esbullat el pentinat i una ombra moradenca li vorejava les parpelles. Amb notòria desimboltura omplia fitxes de pacients damunt d'una taula l'espessor de la qual permetia una visió excel·lent de les seues cuixes, ben compactes si més no en aparença. De tant en tant cantava un nom per fer-se escoltar en una sala plena d'operaris afectats d'aprensió laboral.

Cinc files de deu butaques cadascuna situades enfront de la taula de l'auxiliar sanitària acollien els pressumptes pacients. Algunes dones s'entretenien llegint una revista o fent mitja. Els homes es distreien amb la infermera, que just quan cantava un nom obria les cames. Ho feia mecànicament, provocant profuses fregadisses de bragueta en el meu veí de butaca, un negrellut que tenia pinta de treballar al ram de la construcció. Semblava no anar sobrat d'intel·ligència, el tipus, ni puta falta que li feia.

– Hèctor Barrera! – bramà la infermera de sobte, i l'entusiasme s'apoderà del paleta.

– Sóc jo – vaig dir evitant interferint-me entre les seues bragues i el camp visual del meu veí.

– Al fons, l'última porta de la dreta. La cartilla.

– Es tracta d'un assumpte personal.

– Molt bé – assentí la infermera.

L'ambient del passadís contenia l'olor indefinible però peculiar dels ambulatoris. De la secció de traumatologia isqué un xicot d'aparença heavy metal amb un grapat de punts al cap. Tirava a llarg i raquític i anava acompanyat per sa mare, una dona amb aire de santedat escanyada. Bon punt vaig franquejar la porta que era al fons del corredor vaig ensopegar amb el somriure seré d'una infermera de rostre plàcid.

– ¿El senyor Barrera?

– Jo mateix.

– El doctor Revert vindrà de seguida.

M'obrí una porteta interior que menava al despatx del doctor. Al passar a frec d'ella m'arribà l'alè dentrífic de la seua boca. Vaig acomodar-me en un sofà i mentre esperava el metge encenguí un cigarret tot confiant que l'ambientador difuminés la sentor del celta. A les parets hi havia fotos dels fills de Revert, dos adolescents atlètics i atractius, subjectes ideals per a un anunci de Coca-cola. Entrà el doctor amb un sobre en la butxaca lateral de la bata.

– Bon dia, Hèctor.

L'aridesa del seu gest presagiava males notícies. S'assegué al meu costat i ni tan sols em va renyar per contaminar-li l'atmosfera amb el cigarret, tal com era costum en ell. Va traure amb lentitud el sobre de la butxaca i el va deixar sobre una petita taula que feia les funcions d'un centret.

– M'han passat l'anàlisi de ton pare – digué mentre extreia el contingut del sobre.

Vaig provar d'arribar a alguna conclusió fent una

ullada ràpida als papers, però tot allò em resultava un garbuix incomprensible.

— La biòpsia és clara; cirrosi hepàtica molt avançada — s'ajustà les ulleres i llegí un tros de l'anàlisi —. L'escintil·lografia practicada permet apreciar un fetge cirròtic amb l'òvul dret afectat i una notable esplenomegàlia — respirà un moment —. Ras i curt, Hèctor, ton pare té un càncer de fetge.

Em vaig alçar del sofà i em vaig lliurar a una meditació desordenada, passejant per l'estança.

— Seu, Hèctor.

Vaig encendre un cigarret amb la punta de l'altre. Revert introduí l'anàlisi en el sobre.

— No hauries de fumar tant — observà el doctor —, però supose que és un moment especial per a tu.

— Si que ho és.

— ¿Quan passares l'última revisió mèdica?

— Potser fa deu anys, abans del combat contra Galiana. Me la vas fer tu.

— Mira, ja tens trenta-vuit anys, has invertit bona part de la teua vida en un ring de boxa i no has dosificat de manera raonable l'alcohol i el tabac. És hora que t'ocupes una mica de la teua salut.

— ¿Internaran mon pare?

— Ara mateix no cal. Més endavant sí, quan les atencions mèdiques siguen imprescindibles les vint-i-quatre hores del dia. En eixe moment, jo estaré al seu costat.

— ¿Hi ha alguna possibilitat?

— No puc parlar de manera taxativa. Els estudis sobre el càncer estan en permanent evolució. S'està lluny d'aconseguir proves satisfactòries, però als Estats Units, a l'Institut d'Oncologia de Cleveland, s'han intervingut pacients amb la mateixa malaltia de ton pare amb resultats esperançadors.

— Als Estats Units.

— Sí, en una clínica privada.

— Comprenc.

— Aquesta és una malaltia que no fa distincions, però alguns tenen un percentatge de probabilitats més elevat.

— Hauria preferit no saber-ho.

— Tu m'has preguntat per les possibilitats i jo estic obligat, com a amic i com a metge, a informar-te'n. Tota una altra qüestió és que estiguen al nostre abast.

— ¿Què puc fer? — vaig dir, conscient de la inutilitat de la pregunta.

— Pots fer poca cosa, excepte dir-li-ho.

— No serà fàcil.

— Els medicaments i les biòpsies que encara li practicaran per controlar-li el procés el faran pensar de forma obsessiva. Si li ho diem li evitarem eixe maldecap. És una prevenció psicològica. Un altre malalt potser valdria la pena enganyar-lo, però ton pare és una persona decidida.

— Parlaré amb ell.

— Ho has de fer, a la llarga serà beneficiós — em va passar el sobre amb l'anàlisi —. Demà aniré a veure'l.

Ens alçàrem del sofà. El doctor Revert m'acompanyà fins a una porta que donava directament al passadís. Tots dos vam eixir i caminàrem plegats fins a la meitat del corredor; Revert s'aturà davant d'una finestra a través de la qual s'advertia una sala plena de pacients.

—La clientela no minva—féu el doctor assenyalant amb un dit la sala. M'agafà del clatell —. Em faig responsable que ton pare estiga ben atés.

— T'estic molt agraït, Revert.

— Deixa-ho córrer, em compensaràs si ets capaç d'ensenyar-li al meu fill Manel el jab d'esquerra. Jo ho intente, però es veu que no sóc un bon mestre.

Per l'altaveu reclamaren la seua presència a traumatologia. Em donà un colpet suau al muscle i penetrà a la saleta. Jo m'enfilí cap al carrer, necessitava una copa, un bàlsam que neutralitzés un dia que tenia traça d'inesborrable.

El hall de l'ambulatori s'havia buidat. De les cinc files només dues estaven ocupades. La infermera s'aclarí la gargamella i es disposà a cantar un nom. Es féu el silenci. Abans d'eixir encara vaig controlar la postura del paleta, atent a l'eixarrancada.

III

Dos enfilalls de bardissa s'arrengleraven a una banda i a l'altra de la carretera que conduïa a la urbanització Santa Bàrbara. El pas d'entrada estava barrat per un vigilant d'alçada estimable, ben guarnit per la firma que el patrocinava; vestit amb un uniforme de camisa i pantaló negre, boina inclinada sobre la part dreta i un mocador blanc que li decorava el coll, lluïa un bronzejat artificial en la cara. M'escrutà de forma rigorosa i s'apropà a la finestra del cotxe.

– ¿Va a la roda de premsa?

– Sí.

– Ensenye'm el carnet.

Amb evident desgana li allargue el document que m'acredita com a redactor del diari *El Camí*. El sondeja a fons i després consulta amb un llistat. Mentre el vigilant compleix amb la normativa de la seguretat privada acarone el pit del gosset, estirat al seient, que s'enjogassa i em mossega un dit.

– Dos redactors del seu diari es troben en la roda de premsa.

– És possible, a mi se m'ha fet tard.

Em retorna el carnet.

– Tombe per l'esquerra i en el primer carrer que veja a la dreta trobarà el xalet del senyor Ros.

– Gràcies.

– Circule amb precaució, per favor.

Així que engegue el cotxe, el vigilant fa servir un walkie-talkie. El carrer discorre entre xiprers i salzes que projecten una ombra majestuosa sobre l'asfalt. Hi ha un gran silenci amb prou feines trencat pel xiuxiueig de la brisa colpint les fulles dels arbres o el soroll sec però llunyà d'un partit de tennis. Aspire amb profunditat la pau de la urbanització, estossegue, encenc un celta i equilibre el meu propi medi. La quietud ambiental em suggereix una vida interior enriquida, tot sembla encaixat en un ordre que, més enllà de la forma, m'esvera. O potser és la meua mirada, que tot ho distorsiona. La digressió personal acabà just on estava aparcada la moto de Trilita que, vella i enlletgida, importunava la vista com un tumor teològic inserit en la bellesa d'un paisatge de comport religiós.

Cotxes de nombroses emissores de ràdio s'havien estacionat enfront del xalet. Les portes eren obertes de bat a bat, i vaig entrar sense cap mena d'entrebanc identificatiu, atés que als policies els resultava familiar el meu aspecte.

El jardí de la casa em recordava les pàgines centrals de la revista *Hola*. Gespa verda i cuidada com el cabell d'un sergent destinat a Ceuta, espais amples, escultures allà on la bardissa fa cantonada, terra de marbre recobrint un petit reguer de les vores del qual apareixen de sobte assortidors d'aigua funcionant, una piscina per relaxar-se de la tensió empresarial, i ací i allà rosers, magnòlies, dàlies, hortènsies, diverses espècies més i algun arbre fruiter en honor del país. L'edifici quedava al mig, assetjat de palmeres trasplantades, i s'hi arribava seguint un camí de lloses.

Dins la casa hi havia tràfec de gent. Minyones de còfia blanca traginaven safates de begudes a un gran saló, expressament habilitat per rebre un nombre important de periodistes. Vaig arrambar un martini sec a una de les minyones i em vaig acantonar a la part de darrere. Per damunt dels micròfons que poblaven la taula el portaveu es feia veure, escortat per una dona elegant amb els ulls embotornats i el gest llangorós.

– Senyor Ribes, ¿tenen alguna notícia de les pretensions dels segrestadors? – preguntà al portaveu un monyicot de la premsa escrita.

– Encara és aviat; com he dit abans, el senyor Ros va desaparèixer ahir a la vesprada...

– I ¿com saben que és un segrest? – l'interrompé el meu ajudant, el Noi.

– Mire – féu l'anomenat Ribes amb amabilitat d'amfitrió –, el senyor Ros no tenia programat cap viatge, i té un règim de vida tan estricte que tot apunta, desgraciadament, a la possibilitat d'un segrest. Si hem convocat aquesta roda de premsa ha sigut a petició de donya Margarita Momparler – assenyalà la dona elegant –, esposa de don Bernat Ros, ja que volem fer saber als segrestadors la malaltia renal que pateix el seu marit i el medicament que necessita, i que preguem que vostés el reproduesquen als mitjans de comunicació. D'altra banda...

– Quin matinet portem, ¿eh Barrera? – m'envestí Tordera, remenant un got de whisky –. Una solterona que pretén fer-li la competència a Ibèria, el segrest d'un industrial de pes i un xaval amb heroïna fins als ulls fa una estona, a ple dia i a la plaça Xúquer. Com es nota que ja som europeus.

— Trobes que abans tot era més tranquil, no?

— No sols més tranquil, sinó que damunt jo era més jove.

— I un sots-comissari amb aspiracions.

En dir-li això no pogué reprimir-se el somriure i va replicar:

— La meua feina m'ha costat.

— N'estic segur, perquè segar-li la brossa al comissari Garcia no era una tasca fàcil.

— ¿Què insinues?

— Res que m'importe. Només pretenia amargar-te el dia.

— A tu et seria més rendible ser cordial amb mi.

— Supose que deus voler que et dedique un article saludant la nova etapa del nou comissari.

— Ho entendria com un símptoma de bona voluntat.

— Doncs ho lamente, però la política de l'empresa no ens permet opinar, sinó informar.

— Algunes informacions són tendencioses.

— Per exemple les del portaveu de la família Ros. He observat alguna contradicció.

— Acabes de vindre i ja veus anomalies. Ets molt llest, tu.

— Ha explicat que el segrest va tenir lloc ahir a la vesprada. L'home deu haver tingut un lapsus, perquè de fonts oficials, concretament teues, Ros desaparegué fa alguns dies.

—Oficialment jo a tu no t'he comunicat res—s'emprenyà Tordera—. Només era una suposició.

—Potser no era la teua intenció, però et recorde que ho has dit davant de Martorell; del senyor Martorell, Tordera.

Es fregà l'òvul de l'orella i tot seguit es premé el llavi inferior entre el polze i l'índex.

—Igual el lapsus l'has tingut tu—diguí amb la convicció de qui ha enxampat la paella pel mànec—. De qualsevol manera, hauré d'informar d'aquesta contradicció de dades, certament insignificant, però que o bé la família o bé la policia haurà d'aclarir.

Que li estava amargant el matí a Tordera era tan indubtable com el seu desconcert. Vaig dur-me a la boca l'oliva farcida del Martini. Tordera remenà el gel del got, amb neguit.

—Quina cagada, Tordera—vaig reblar—. Imagina't el delegat del govern llegint un titular així: «La policia i la família es contradiuen en les dades del segrest». Si no vaig errat, la pròxima setmana compliràs el primer mes de comissari. Sincerament, no hi ha cosa que em fastiguege més que fotre un honrat treballador com tu.

—Ets el paio més cínic que m'he tirat a la cara.

—Tot s'encomana. Potser no hauríem de veure'ns tant. Ara bé, si la negociació s'imposa, més val fer-la entre individus de la mateixa casta.

—¿Què vols?

—Permís per fer-li una nova autòpsia a Mabel.

— Cometré una il·legalitat, però permís concedit.

— Amb el metge forense que jo diga, i per escrit.

— Ja posats, podries preguntar-li al forense si vol fil musical mentre trosseja.

— Poca broma: o em firmes el paperet o te trac el careto en primera plana.

— No cal firmar-ho, cony! El cadàver està en el dipòsit de la Facultat de Medicina. Telefonaré dient que anirà un forense de la Brigada.

— Hi anirà aquesta nit. I una pregunta: ¿per què l'heu dut a la Facultat de Medicina?

— El teu amic ha venut el cadàver de la germana — begué el whisky i els trossets de gel li tocaren el nas —. Espere que compliràs la teua paraula.

— Saps que sí, no sóc tan idiota per trencar aquesta excel·lent relació que mantenim tu i jo.

— Som una parella estranya, ¿oi Barrera?

— Doncs sí, ja fa uns anys que ens coneixem i encara no ens odiem. Fins ara no t'he fallat.

— Això és el que em preocupa, que sempre hi ha una primera vegada.

— Quan vinga eixe moment, procuraré que siga tan definitiva, que també serà l'última.

— No oblides que tinc llicència d'armes — somrigué el comissari, i féu mitja volta en direcció als jardins de l'entrada.

El portaveu va donar per finalitzada la roda de premsa. Els fotògrafs s'amuntegaren davant la senyora Ros, maldant per captar la instantània adequada. A desgrat dels periodistes, l'esposa de l'industrial segrestat no va dir res, excusant-se en el dolor lògic que l'embargava en aquells moments i que tots van respectar.

Una minyona em va replegar el got i me n'oferí un de nou. El portaveu i la senyora desaparegueren per una porta lateral. Llavors, la majoria dels convocats intercanviaren impressions alhora que es fornien de begudes. Vaig atansar-me fins on eren el Noi i Trilita, departint amb dues periodistes. La resta del saló eren homes.

La vàlua professional de les dues nenes no devia ser res de l'altre mon, i la sobtada revalorització que acaba-ven d'adquirir com a belleses més aviat venia donada per l'esguerrada estètica del Noi i Trilita que no per mèrits propis.

A Trilita el vaig trobar singularment canviat. Després de l'experiència per terres de la jet-set, exercint de paparazzo free-lance, el meu fotògraf preferit tenia un aspecte saludable, per bé que el seu atractiu no havia assolit cap matís rellevant. Així que em va veure vingué al meu encontre.

– Com estàs, mariconot – digué, encaixant la mà amb energia i fent-me el rendez-vous habitual.

– No tan bé com tu, però aguante.

– Estic que d'una pardalà tombe una paret – m'assegurà amb vehemència –. Tinc un grapat d'històries per contar-te. Quines ties, Barrera!

– Et deus haver unflat.

– No era allò d'arribar i besar el cony, però tots els dies li palpava la cara al germanet – digué ullant-se la bragueta –. Xixi com el que hi ha a Marbella no l'he vist en cap lloc. Uns pits com pometes, unes cintures i uns morros...

– Com les que vos heu apalancat ara, vaja.

– ¿Eixes? El Noi és capaç de ventar-li a una bacona amb sandàlies. Ja el coneixes.

– Tu en canvi ets més refinat. En fi, Trilita, m'alegre de veure't, ja trobava a faltar conversa d'aquella amb continguts. Però dissortadament ni açò és Marbella ni tu la baronessa Von Thyssen.

– La puta realitat s'ha encarregat de recordar-m'ho. Un suïcidi i un mort per heroïna. Li he dit a Jesús que ho cobrira ell, necessite un temps d'aclimatació.

– T'entenc.

– El Noi m'ha contat que trobaren la germana de Rocky morta. Deu estar molt afectat.

– Sí, era l'única que tenia.

– Pobre Rocky. No cal que et diga que em tens a la teua disposició. Estàs investigant-ho, no?

– A estones, però si el forense em confirma que Mabel no es picava m'hi posaré de ple. Llavors et necessitaré a tu i potser el Noi. ¿Encara fas vacances?

– Em queden tres dies, però com avui s'ha acumulat la feina m'han cridat.

– Si no et fa res, les continues a Nadal.

– I ¿per a què collons vull jo tres dies a Nadal?

– Pots fotografiar la infanta esquiant a Baqueira.

– On estiga Estefania de Mònaco en conill, que s'aparte la família reial.

– Per això no discutirem. Vés, allibera'm el Valentino, que hem de programar el treball.

En un rampell de crueltat estètica Trilita va fotografiar el Noi amarrat a les dues belleses. Pensí en l'enorme descony de la redacció en guipar la foto. A l'extrem del saló, en el cancell de la porta per on havien eixit el portaveu i l'esposa de l'industrial, vaig veure Mara Beltran, redactora de la revista *Mestresses*, que firmava els seus reportatges amb el pseudònim Carlota Max. Alçà la mà, saludant-me; li vaig fer un senyal amb la idea de parlar amb ella després. Ho va entendre, somrigué i desaparegué tot seguit.

El Noi insistí que Trilita li fes una altra foto abraonat per darrere a una de les xicotes. Tenia un cul que feia vibrar el nervi òptic, i el Valentino se li adherí a la panera. A continuació s'intercanviaren adreces i telèfons entre somriures i mútues complicitats que concretarien en un futur pròxim. Tramitada la inevitable pòlissa relacional, segellaren la trobada amb un bes afectuós.

– No t'havia dit jo que estaven al pot – retragué el Noi a un escèptic Trilita –. Cara a les ties s'ha d'anar amb moral de victòria – rematà el redactor –. Bé, Barrera – digué dirigint-se a mi –, organitzem el programa, que demà durem el full que no hi cabrà ni una esquela.

– No cal dir-te que preferència per al cas Ros i amb l'orella parada en el cas Mabel. La resta per a cadàvers i delictes habituals.

– Elemental, semental – aprovà el Noi fotent-li un carxot al clatell de Trilita –. Estic fent un reportatge sobre els morts per sobredosi. Hauré de fer una mica de carrer.

— Aparca'l uns dies. Fins a nova ordre has de coordinar la secció.

— ¿Problemes?

— Avui a la nit li faran una nova autòpsia a la germana de Rocky, i si es confirmen els presagis voldria dedicar-li temps.

— Si em quedo a la redacció no podré seguir l'evolució del segrest. Hauré de tirar mà d'agència i el director s'emprenyarà.

— Dorm tranquil, que jo et passaré material. Farem un reportatge sobre l'entorn socio-econòmic de Bernat Ros. Això, despús-demà.

— I d'ací a tres dies ¿què?

— Doncs se l'hauran polit, l'hauran amollat o bé algú reivindicarà el segrest. ¿Quines preguntes li has fet al portaveu?

— Li he demanat com és que sabien que era un segrest si encara no feia un dia que havia desaparegut.

— Molt bé, ¿què més?

— Res... més.

— És clar que res més — intervingué Trilita —. La pregunta que ha fet li l'ha mangat a un d'Antena-3 que la duia anotada.

— Vols callar, mamó!

— T'has lluït, Valentino — el vaig renyar —. És un perill traure't al carrer. Si veus una tia de bandera no hi ha problema, però si guipes un cardo perds l'oremus. Tens l'olfacte fet estralls. I vaja per davant el meu respecte a la teua vida privada, però és que les paies de la foto eren de jutjat de guàrdia.

— Deixa't de respectes — tallà Trilita —. Eren de jutjat de guàrdia i s'ha acabat.

— Però so cornut — s'enutjà el Noi —, si tu ets el primer que t'apuntes!

— No ho negue, però les coses com siguen. No em vingues amb fantasies.

— ¿Com és que Ros no duia guardaespatlles? — vaig demanar al temps que guillotinava la polèmica.

— No en gastava — m'aclarí Trilita.

— En realitat era el xofer qui feia aquesta funció — afegí el Noi —. Segons el portaveu, se suposa que a Ros l'han segrestat al seu despatx, a última hora del vespre.

— I ¿on és el xofer?

— ¿Com vols que ho sàpiga, si no el conec?

— Bé, deixa-m'ho a mi. Aneu a la redacció; i tu, Noi, estigues localitzable durant uns dies. Ah, fes-li un peu de foto a la suïcida.

— ¿Quantes línies?

— Al teu gust, has d'editar la secció i part de la portada. Mira de deixar espai per als habituals comunicats de protesta d'Ugt, Ccoo, el comitè sindical de les empreses de Ros, la Ceoe i els diversos partits polítics en representació dels ciutadans.

— En definitiva, Noi, estem davant d'un acte summament condemnable, com molt bé s'encarregarà d'editorialitzar el llepafigues del teu director.

— Vigila les conyes, Trilita — el previngué el company —. ¿Tu on seràs?

— Me n'aniré cap al centre amb la Carlota Max. Dinaré i passaré pel gimnàs, he de veure Rocky.

—Si es produeix alguna novetat t'ho faré saber—digué el Noi.

De retorn al carrer, ell i Trilita reiniciaren una polèmica que a ben segur no tindria perdedor, donat que en el fons i en la forma estaven d'acord. Més encara: en qüestió de formes anaven en una barca, riu amunt i sense rems.

Quan s'acabaren les begudes els periodistes desertaren la sala. Les minyones endreçaven les cadires i tres o quatre tècnics intentaven arreglar l'embolic de fils i micròfons de la taula. Em vaig empassar tot d'una el martini davant la mirada amistosa d'una minyona que s'apressà a atrapar-me el got. Vaig consultar el rellotge i de seguit vaig observar la porta lateral del saló. Mara no apareixia i vaig decidir esperar-la passejant sota les palmeres del jardí. Aviat em vaig cansar i vaig eixir al carrer per tal d'amollar un moment el gosset, que isqué del cotxe com un llamp directe a un xiprer i li humitejà la venerable corfa. De cop i volta aparegué una marilyn d'aquelles que semblen un cotó-en-pèl amb potes; deixava veure certa condescendència sexual, que el gosset va percebre de bon grat. Intentà aparellar-la per les anques, però unes mans de pulcritud elaborada li apartaren la Marilyn i, potser per compensar-li l'ocasió perduda, l'acariciaren.

Vaig encendre un cigarret mentre clissava l'angle ben pronunciat del seu nas. Tenia aquell tipus de bellesa implacable i distant. M'agradaven, sobretot, els seus ulls, que escrutaven l'entorn amb la mirada del desig satisfet. Era rossa ambigua i els cabells li queien sobre els muscles; morena de pell, bronzejada en la solitud d'una tarda primaveral. El cos, que intuïa esplèndid, s'ajustava a un vestit setinat de dues peces color arena. El seu atractiu palesava l'error estètic dels altres. Vaig fer unes passes endavant, aturant-me allà on la posició em permetia la vista dels seus pits, solts i juganers en el recinte d'un escot generós; tot i estar ella ajupida, mantenien la rigidesa. L'acabava de veure i ja pressentia engrunes de plaer.

Amb els ulls m'escodrinyà de dalt a baix, deturantse en la meua mirada, descaradament fixa en els seus pits.

— ¿Cómo se llama? — s'adreçà a mi sense alçar-se. Jo em vaig apropar fins a quedar-me a un pas d'ella, marcant una línia horitzontal entre la seua boca i el meu entrecuix.

— No té nom — vaig dir.

— ¿No té nom? — canvià d'idioma i somrigué —. És curiós, mai havia trobat un gos sense nom.

— Tant fa. Els noms, atempten contra l'actitud individual i t'integren a la col·lectivitat. Ell acaba de nàixer.

S'incorporà amb la Marilyn als braços i s'allisà la faldilla.

— Ets una persona estranya, ¿Sempre parles amb aquesta impertinència?

— Quan em provoquen amb la mirada.

Tots els meus intents per torbar-la ensopegaven en el mur desimbolt i subtil del seu somriure, amb aquelles dents blanques, cuidades, i la petjada fina del pintallavis.

Enllà del xalet algú la va cridar agitant un braç.

— És el meu nóvio — digué amb clara resignació —. Bo, no sembles disposat a dir-me el teu nom, però a mi, per si estàs interessat, em diuen Mari Carmen, Mamen per als amics.

— ¿Mamen?

— Sí — s'enriolà —. ¿El trobes rar?

— Suggerent, si més no.

El nóvio insistí en els crits, aquesta vegada des d'un Porsche gris metal·litzat amb el motor en marxa:

— Mamen, por favor, que se hace tarde, cariño.

— Ha sigut un plaer, senyor anònim, però me n'he d'anar. Carlos és molt inquiet.

La impaciència estava justificada, estiguí a un pèl de dir-li. S'encaminà al Porsche, facilitant-me a consciència el balanceig de la seua cintura, que també em seduïa de manera especial. Inclinà el cos per la finestra del cotxe i parlà un moment amb el nóvio, adoptant aquella mena de benevolència que s'empra amb les persones una mica simples.

Instants després el Porsche passà per davant meu carrer avall, una mica accelerat, esquinçant el silenci ambiental però no la intensitat de les nostres mirades, fins que se l'engolí la cantonada. Multitud d'indicis ens remetien a un nou encontre, no sabia on ni quan, però em sentia atret per les dones que m'utilitzaven com un banc de sang, a la recerca de la transfusió que no trobaven enlloc. Amb ella intuïa aquesta mena de passió recíproca. Hi havia, a més, l'incentiu afegit de la divergència de classe.

— No sols és atractiva, sinó que també és una hereva amb futur.

La veu de Carlota Max em sorprengué amb la vista fixa a la cantonada. Tot i que afable, la seua entonació vocal em deixondí del parèntesi en què em trobava immers.

— Per fi has vingut — vaig protestar.

— No m'esbronques. Estàs en el meu terreny.

— Ja sé que em trobe davant de la més intrèpida reportera del cor.

— La ironia et costarà el dinar.

— M'havia fet l'ànim de pagar.

— Segur que vols alguna cosa a canvi — em digué pujant al cotxe.

— Amb això pots comptar; si fos una altra classe d'invitació hauríem quedat a la nit.

Amb la presència de Mara oblidava la companyia del gosset, en terra, vora el vehicle, movent la cua i amb les orelles rígides. Vaig baixar del cotxe i d'una revolada el vaig deixar a la falda de Mara, entrant-lo per la finestra.

— ¿Ets un lladre de gossos o què?

— ¿Qui del món robaria un gos com aquest? — engeguí el cotxe.

— Ben mirat és un gos segur. Té pinta de bordegàs. ¿Com li diuen?

— Paquito.

— Paquito, eh? — féu, enlairant-lo —. I ¿per què no li poses cognoms?

— Per evitar-li el Dni.

—Venint de tu és una conclusió civilitzada—tot seguit allità Paquito al seient de darrere i, saludant el vigilant de la urbanització afegí—: i ara voldràs que t'explique qui és Mari Carmen Montagud.

— No és el motiu concret de l'encontre, però pots fer-ne cinc cèntims, camí del restaurant.

—Doncs bé—sospirà Mara mentre extreia un winston del portacigarrets.

— Obri la finestra.

— ¿T'has fet ecologista?

— No suporte el tabac ros.

— Està bé, no fumaré.

— Deixa-ho, n'encendré un dels meus i tractaré d'indemnitzar l'atmosfera.

La solució li va paréixer d'allò més raonable fins que, al posar-me el cigarret als llavis, va ullar la marca que m'esponsoritzava els pulmons.

— M'estime més obrir la finestra — resolgué.

—Quan treballaves amb mi no et produïes tan delicada.

—Eren altres temps. Llavors tu eres un xicot esportista i jo una repòrter amb una visió de la vida segons l'Escola de Frankfurt.

— ¿Per què no tornes al diari?

—Perquè ja no en queda, d'Escola, i perquè (espere que no t'emprenyes) entre escriure sobre la misèria quotidiana i relacionar-me amb la misèria ètica em quede amb la segona proposta. Almenys, hi ha una diferència higiènica important.

— Ho he vist en les dents de la rica hereva.

— Et conec i sé el que estàs pensant. És la mena de boca que t'agradaria dins la teua bragueta. T'atrauen les dones de classe alta perquè tu de l'amor fas l'única agressió social permesa.

— Dona...

— Potser ho he dit de manera rotunda, però amb mi no cal que dissimules. Al cap i a la fi, en el fons estaríem d'acord.

— Més que res en el fons, Carlota Max.

— Para ací mateix, no cal que anem a la ciutat.

Vaig girar a la dreta, cap a l'aparcament d'un restaurant amb aire de palau modernista de principis de segle. Es deia Sirkren i a la part posterior tenia un complex esportiu. La façana, els grans cossiols enrajolats de porcellana i els cotxes que hi havia estacionats conformaven un clar indici de la professionalitat del cuiner.

— Invite jo, amb una condició — digué Mara abans d'endinsar-nos al local.

— ¿Quina?

— No demanes llentilles, per favor.

— Doncs tu diràs el que vulgues, però tenen molt de ferro.

— El menú l'elegiré jo.

— D'acord — em vaig resignar —, ja dinaré al vespre.

L'interior del restaurant era més aviat gran, però acollidor. Tenia dues plantes; a la de baix prenies una copa mentre esperaves el torn, i la de dalt — a la qual accedírem directament gràcies a la cordialitat del maître, que reconegué Carlota — era un menjador amb poques taules i unes petites habitacions amb reservat. Estava decorat amb una combinació de mobles modernistes i quadres actuals. Ens feren passar a un dels reservats i ens indicaren una taula rodona amb tapet blanc i un petit centre floral. D'una de les parets penjava un esplèndid espill que reflectia, duplicada, l'estança; unes delicades cortines ocultaven la porta del balcó que donava al polisportiu i a una terrassa amb taules. Vaig encendre un celta no sense prevenció. Mara va repassar la carta sota l'esguard servicial del maître, que s'esperava a una punta del reservat.

– Por favor, Pedro – Mara es dirigí al maître –. Para mí Tartar de salmón fresco con caviar longo, y para el señor huevos de codorniz marinados sobre salsa de achicoria.

– De segundo, doña Carlota... – preguntà el maître, carregat amb aquella gepa aconseguida a força d'educades flexions.

– Ragout de ostras con puerros y frutas para mí, y savarín de salmón para el señor.

– El vi és cosa meua – vaig dir, i el terror es va generalitzar.

Aleshores el maître em va cedir la carta de vins, apenat, com aquell que, a contracor, llança un tresor bíblic a les flames.

– Un Raig d'Argent blanc sec.

– El señor tiene un gusto excelente – em felicità, eixint del reservat.

– ¿On has aprés aquestes finors? – digué llavors Mara.

– Menjar poc no m'afecta, però patir set em destrossa els nervis.

– A pesar d'això no et veig massa calmós.

– No hi ha manera de dormir.

– Sempre fou la teua especialitat.

– No és el que et penses, és el cas d'una prostituta, germana d'un amic meu, que ha mort en circumstàncies estranyes. He eixit dues nits a fer un tomb i l'únic que he aconseguit és agarrar un parell de merdes.

– I ¿què s'ha fet dels teus famosos contactes?

– No els he molestat i no m'he pogut aclarir. El segrest de Ros encara ho complica més. Ara no podré dormir ni de dia.

– De dia tens donya Carlota Max, que fins i tot sap la marca de calçotets que fa servir don Bernat Ros.

– Preferiria altres qüestions de major interés.

Vingué el maître amb una galleda de gel i la botella de vi. Per tal que comprove l'estàndard de la beguda em posa dos dits en la copa. Verifique l'autenticitat i tot seguit mesura la de Mara i després la meua.

– Insistesc en els calçotets – continua Mara així que el maître abandona l'estança –, ja que la marca del senyor Ros és Bloking, al Consell d'Administració de la qual estan el mateix segrestat, l'advocat i portaveu de la família, Lluís Ribes, i el pare de la senyoreta de les dents blanques, Rafael Montagud. Ribes és un jove amb aspiracions que ha sabut associar-se amb un home de prestigi com Bernat Ros; és una mena d'unió amb interessos recíprocs entre la intrepidesa i la veterania. L'empenta que els anys han anat llevant-li a l'industrial la té l'advocat Ribes, que en poc temps ha aconseguit una bona fortuna i ara intenta arrodonir-la aprofitant la reputació social de Ros. El portaveu s'ha convertit en l'home de confiança de l'industrial, entre altres coses perquè el jove pertany a l'Associació d'Empresaris Banquers, grup que ja li va negar l'entrada a Ros a propòsit del seu liberalisme ideològic; és a dir, sense estar allà, l'industrial controla les activitats de la banca regional a través de Ribes.

— ¿Vols dir que els banquers no ho saben, això?

— És clar, però ara les coses s'han calmat...

— Atés que la banca s'ha convençut de la bondat social-demòcrata respecte al gran capital.

— Això mateix, però sense la teua retòrica. Una mica rància, ¿no trobes?

— Ho vaig aprendre de tu i el Xino quan les famoses assemblees al diari.

— Deu fer molts anys.

— Alguns — vaig beure'm la copa de vi d'un alè —. Tornant a Bloking, jo pensava que Ros només tenia interessos al sector de la metal·lúrgia.

— Com la majoria de l'actual classe dominant valenciana, Bernat Ros té la seua gènesi econòmica en la producció cítrica familiar, concretament en l'exportació de taronges. És la base per a jugar després amb valors financers i eixamplar el poder entre diversos sectors industrials. D'açò, els especialistes en diuen hòlding. ¿Vols fer un reportatge?

— Sí.

— Anem allà, doncs. El primer que has de fer és llegir-te *L'estructura social al País Valencià*. És un llibret de vuit-centes pàgines editat per la Diputació Provincial de València.

– No tinc temps. Fes-me un resum.

S'empassà la copa de vi, bellugà el cap simulant un gest de paciència i encengué un cigarret.

– La burgesia valenciana – digué – s'assembla a la madrilenya en l'idioma que parlen i a la catalana en la devoció pels sants.

– I ¿per a arribar a eixa conclusió han hagut de publicar un llibre de vuit-centes pàgines? És indignant.

– Em trau de polleguera que sigues tan simplista, Barrera.

– Tampoc tu no has sigut massa complexa, que digam.

Un cambrer d'allò més elegant irrompé en el reservat amb el primer plat. Ens serveix amb una educació exquisida i embafadora i desapareix discretament per la porta. Mara es beneficia de l'incís per beure's una altra copa de vi.

– Aquest vi és sensacional i calfa de l'hòstia – em comunica, mirant-me de bon ull.

– ¿Quins són els negocis de Ros? – pregunte, vencent l'impuls irresponsable.

– Hèctor, xato...

– Cagondéu, Mara, ja l'has agarrat!

– ¿Saps quant de temps fa que no hem cardat?

– No.

– Sis o set anys, en la secció de teletips del diari. Estàvem els dos de tancament, ¿ho recordes?

— Doncs... no.

— Porc — s'empassà una altra copa —. Digues, xato, ¿quantes te n'has tirat a la sala de teletips?

— El que carda a teletips és el Trilita.

— Ets un fill de puta de marca, tot el que no et convé li ho carregues al Trilita. Que jo sàpiga, la Maite i tu follàveu a la sala de teletips.

— Açò és demencial, cony! Dine amb tu perquè m'expliques la vida de Ros i em...

— M'ho digué ella.

— Vaja, home.

— Malparit, nosaltres cardàvem al sofà del despatx del director.

— Ara ho recorde, sí.

— Quins temps, ¿eh Barrera? — Mara féu una pausa i, sortosament, reprengué el motiu de l'encontre —. És al sector de la metal·lúrgia on Ros té els grans interessos, tot i que té una economia molt diversificada i difícil de controlar. Que jo sàpiga està en el consell d'administració de Bloking, la cadena d'hotels Miralluna, exportació de taronges, ceràmica i, sobretot, especula en solars, que és el negoci del moment; potser té algunes societats mercantils a nom de la dona, de col·laboradors fidels i algun dels seus fills, com és habitual entre la gent que maneja interessos econòmics importants.

— Un empresari emprenedor.

— I curiós. En els anys de la reconversió industrial, quan s'abaté una gran crisi sobre el sector del metall, Ros no sols aguanta l'envestida sinó que és aleshores que diversifica els negocis: la cadena d'hotels, Bloking... Això li ha donat un gran prestigi entre la classe empresarial i la política. Bernat Ros s'entén molt bé amb els governs d'esquerra.

— Ros i la resta.

— No cregues. Ell és més intel·ligent que els seus col·legues industrials. Entengué que la consolidació de l'esquerra en el poder era inevitable i col·laborà activament amb la Generalitat, mentre la Confederació Empresarial Valenciana pulveritzava totes les propostes de l'administració. Inclús va cedir uns terrenys per on havia de passar una carretera comarcal. Paga puntualment els impostos i mai ha fet una declaració pública que indignés el partit socialista. La Generalitat l'anomenà empresari de l'any.

La forqueta em lliscà per les mans i anà al terra. No vaig evitar, des de sota la taula, una mirada impúdica als pantis de Mara.

— ¿Per què creus que l'han segrestat? — pregunte només m'incorpore a la taula.

— No ho sé, però si ho han fet per diners hi ha famílies amb més poder econòmic que ell. D'entre els que conec, els Ros són dels que fan menys ostentació de luxe.

— ¿Ha tingut conflictes sindicals?

— Mai. Sempre s'ha avançat a les negociacions entre els col·lectius d'empresaris i els sindicats amb millors convenis per als seus treballadors.

— Això li deu haver creat problemes amb la confederació d'empresaris.

— Sí, però evitava les vagues i augmentava la producció. És un home de caràcter i li tenen un gran respecte, els uns i els altres. Fou l'únic empresari que mai no va reduir personal tot i les crisis. Les pèrdues en el metall les recuperava amb escreix obrint altres negocis. Realment és un empresari atípic.

– Del prestigi social també es trauen avantatges.

– En efecte, no es recorda una inspecció d'hisenda en les seues empreses. Ros ha sabut jugar la carta que l'esquerra espera de la burgesia. Tradicionalment, a la burgesia valenciana no li ha interessat dirigir el procés polític sinó dominar l'economia. Al revés de la catalana, la nostra burgesia no s'ha preocupat pel futur del país, ni menys encara per la cultura. En un context així, Ros havia de sobreeixir per força.

– Ara només falta que l'esquerra jugue un dia la carta que els votants li demanen.

– Què cony et fa, si no has votat en ta vida!

– Ho deia per tu.

Féu un glop llarg de vi i exhalà un sospir.

– Per mi no passes pena, xato, ja he fet meua aquella frase de Maquiavel, quan deia que una persona prudent no pot ni ha de mantenir el compromís adquirit si aquest se li gira en contra. ¿Tu has llegit Maquiavel, Barrera?

– Doncs no, no l'he llegit.

Tan bon punt Mara es disposava a contestar-me, vingué el cambrer amb el segon plat. Ell mateix ens reomplí les dues copes amb una nova botella d'Argent, ens serví el ragout d'ostres i el savarín de salmó i retornà al saló.

—¿T'ha molestat la cita maquiavèlica? —féu Mara, remenant la copa i eixarrancant les cames.

—Carlota, ¿t'has adonat que el cambrer tarda mitja hora entre plat i plat? — responc amb una pregunta.

— És que no t'agrada el servei...

—Ja m'està bé, i podríem aprofitar-ho per fotre un clau.

—Tanta burgesia amunt i avall t'ha vingut al cap la Mari Carmen Montagud i t'has posat calent. A ella la pots trobar al Club Español de Tenis, i a l'entorn social de Ros també. Tots els dies.

— Canviem de tema.

Somrigué i es begué tot d'una la copa.

— Mitja hora entre plat i plat, eh? — no sabia si m'estava preguntant o estava fent un càlcul.

—Per ser més exactes, vint-i-cinc minuts —vaig dir, consultant el rellotge.

— Vine ací, porc.

IV

Vist de front, Tonino Bru tenia la presència aterridora d'una central nuclear, amb la cara plana com un adoquí, espatlles amples i poblades, braços musculosos, pegada d'elefant i cervell de mosquit; posseïa, doncs, totes les incapacitats exigides a un pes pesat. Ningú com ell, però, donava tanta feina als traumatòlegs. La seua imprecisió tècnica era tan exacta com les boles de plom que li queien al contrari. On posava la mà produïa una fractura.

Amb Tonino al ring la polèmica era inevitable. Puristes i heterodoxos encetaven discussions acalorades al voltant de la representació violenta de l'art, o la naturalesa ruda a mans de la tragèdia artística. Ara i adés, la controvèrsia rebrotava, i amb ella creixia la curiositat per l'espectacle; en conseqüència, aviat el púgil deixà de ser un esportista per convertir-se en el joguet preferit d'un inversionista, i el seu uppercut, lent i lamentable, es cotitzava a l'altura de les accions de Banesto.

Tonino havia nascut al barri i gaudia de la condició sols reservada als ídols locals. Per raons insultantment òbvies era conegut com Tonino Moulinex; amb aquest sobrenom s'havia proclamat campió d'Espanya i anava camí de disputar el títol europeu.

Gràcies a la seua naturalesa inexpugnable tenia a l'abast la glòria boxística i l'adéu a la incertesa del futur.

L'inversionista i els assessors tècnics vigilaven que el valor adquirit no fluctués en direcció contrària. Hi havia molts interessos i per fer-los surar retenien Tonino concentrat en una casa de camp, rodejat de les comoditats que requeria el manteniment d'un estat físic perfecte.

Però Tonino Bru trobava a faltar l'ambient del barri, l'olor del gimnàs, les copes de barrejat al bar Mosca, els afectuosos colpets a l'espatlla dels amics de sempre i, per damunt de tot, l'amistat de Rocky. Ell i Rocky havien estat inseparables. Rocky era al seu costat quan Tonino combatia pels quadrilàters de la comarca, fregant-li la costella colpida o aconsellant-li baixar la guàrdia en l'instant que calia, fins que els tècnics van clissar les seues qualitats i l'inversionista buscà l'entrenador i el gimnàs adient. Tonino es va negar al principi, però fou Rocky qui el convencé per tal que acceptés l'única oferta possible en la trajectòria d'un boxador amb aspiracions. Però, de tant en tant, ni que fos per dues o tres hores, Tonino tornava al barri.

Molts anys havien estat junts i temps tindrien – tot just l'inversor capís la irregularitat dels reflexos de Tonino – per reprendre una amistat que es remuntava a la infantesa, en el caliu d'una barriada que els protegia enfront d'un món presumiblement hostil. Ara, però, el destí els unia de manera inapel·lable: si cap dels dos tenia passat, almenys u d'ells tenia futur.

Tan aviat com Tonino Moulinex ballava pel ring, l'activitat del gimnàs es paralitzava. L'equip d'alçament de peses, els esculturistes i fins i tot un grup de dones addictes a l'aeròbic es traslladaven a l'altra zona del local per veure en acció l'ídol. Tonino actuava gratis per als amics. Una sèrie de guants que també li servien de preparació iniciava la visita mensual que li permetien els tècnics. Hores després retornava al camp, refugiant-se en la immensurable solitud del somni triomfal, intentant acabar, per sempre, amb l'empremta del fracàs. La d'ell era una història que de tan coneguda feia fàstic recordar-la. El món és ple de Toninos.

Rocky li enfundà el casc protector i li calçà els guants, com en els vells temps. Sonà la campana i l'espectacle esbarrà per la sala un silenci expectant. Rocky advertí la meua presència i s'adreçà als vestidors. Una volea de Tonino envià l'espàrring contra les cordes.

– Amb eixa pegada no li calen tants preparadors.

– Està fet una haca – somrigué Rocky –. El tres de novembre disputa el títol.

– On?

– A Ginebra.

– Encara sort – vaig esbufegar –. Si el disputés a Itàlia no caldria que baixés de l'avió.

– Molt s'haurà d'espavilar l'italià si vol tombar Tonino.

– La passió et perd, Rocky. Tonino té una gran fortalesa física i uns punys temibles, però si l'italià és tècnic pot guanyar el combat per punts.

– Mike Tyson...

– Mike Tyson no ha tingut davant ni Jack Dempsey, ni Cassius Clay. Com un flam es posa Tonino si al tercer assalt no ha guanyat per K.O. Està mal acostumat. Ha de ser més fred, dosificar l'esforç i esperar el moment oportú. Però no t'angoixes, guanyarà, he vist un vídeo de l'italià i no és res de l'altre món. El que m'empipa són les confiances.

– L'historial...

– Ací rau el problema, que no sabem com respondrà el dia que en un assalt vaja de cul a la lona. Deixem'ho córrer. La televisió valenciana ho retransmetrà en directe, no?

– Estan estudiant-ho. L'associació de veïns es va entrevistar ahir amb el director.

– I ¿què els ha promés?

– Res, ja que el mateix dia del combat el València juga un partit contra el Metz, competició de la Uefa.

– Si hi ha futbol, no t'encomanes a cap sant.

– L'associació ha amenaçat la Generalitat amb convocar una vaga general al barri.

– Home, això sí que és apretar; la meitat del barri estan parats, i l'altra meitat són jubilats. Èxit total. Rocky, em fa l'efecte que no veurem el combat.

– Bo... – vacil·là amb el cap cot –, jo tinc uns diners estalviats...

Va aprofitar el recés en la conversa per recollir unes samarretes que hi havia esteses al terra.

– Dis-me una cosa, quan has necessitat algun favor ¿no he procurat ajudar-te?

– Sí – digué sense aixecar el cap.

– Aleshores, ¿per què has venut el cos de la teua germana?

Va passar per uns moments d'evident confusió, mossegant-se el llavi inferior i fent topar la llengua contra el sostre de la cavitat bucal.

— Potser estàs avergonyit del que fou Mabel i intentes redimir-la venent el seu cos a la ciència per tal que, almenys, aprofite com a cadàver.

— No és això, de veritat, necessitava els diners.

— Per a anar a Ginebra.

— Sí — respongué amb energia —, vull veure Tonino campió d'Europa. Fa molts anys que espere eixe moment. Tu no ho comprens...

— I tant que ho comprenc! ¿O és que no recordes que jo també vaig somiar? Saps que t'hauríem ajudat. Inclús Tonino...

— Tonino m'envia diners regularment, però tal com vénen els ingresse en una llibreta al seu nom. Són d'ell, guanyats amb molt de sacrifici. Si alguna vegada les coses es torcen ací tindrà uns estalvis. No vull tocar ni una pesseta — féu un petit silenci i afegí, amb certa cautela —: No li digues res a Tonino.

— No li ho diré.

— Encara no sap que Mabel ha mort, ni tampoc que aniré a Ginebra.

— Anirem tu i jo.

Vaig encendre un cigarret tot i la prohibició d'ensumar quitrà que imperava arreu dels vestidors. Rocky va penjar una filera de guants als claus de la paret, donant-me l'esquena.

— A la nit li faran una nova autòpsia a Mabel. La policia m'ha concedit permís.

– Si poguérem demostrar que ha sigut assassinada, ¿què hauria de fer jo?

– Denunciar-ho a la policia.

– Un cas més, no?

– Mira, Rocky, tinc la sensació que amb la venda del cadàver has saldat les preocupacions per la teua germana.

– És molt dur, Barrera, això que em dius.

– Ahir hauries donat la vida per saber com havia mort, i avui sembles indiferent. ¿Què t'ha passat?

Va vinclar el cos sobre la llitera de massatges, bleixà de forma profunda i, retirant-se un pas enrere, es va passar una mà pels cabells.

– Al matí ha vingut a veure'm una dona i m'ha aconsellat que ho deixe córrer.

– ¿Qui era?

– No la coneixia. M'ha dit que parlava en representació d'una gent a qui no agradaria que la policia els molestara. Crec que es referia als xulos.

– La policia no ha molestat ningú.

– Diuen que un individu ha fet unes quantes preguntes i no estan disposats que claven el nas en els seus afers. Es veu que t'han confós amb un de la bòfia.

– ¿Recordes quina cara tenia?

– No massa, ha sigut tot molt ràpid. Quan se n'ha eixit ha pujat a un cotxe amb dos tipus més. No he vist la matrícula – es fregà la barbeta –. En realitat ha vingut a amenaçar-me.

– Tens por.

– Sí. I també per tu, vaig ser jo qui et demanà ajuda, i si et passara alguna cosa em sentiria culpable.

– Ho faig perquè em ve de gust.

– Ho fas per mi, i faces el que faces no li tornaràs la vida a Mabel. Em preocupa més la teua seguretat.

– La visita que t'han fet és una prova de les sospites que tenies.

– No estic massa segur, s'ha excusat dient-me que si la policia entra a sac en l'ambient perden molts diners. Es guanyen la vida d'eixa manera, no sé si m'atreviria a denunciar-ho.

– Si fos eixe el problema haurien intentat persuadir-te amb més amabilitat.

– Li he dit que no havia denunciat el cas.

– I ¿què t'ha contestat?

– Res. Se n'ha eixit.

Em vaig acostar al lavabo i vaig tirar el cigarret al wàter. Vaig rentar-me la cara i la nuca, friccionant les mans allà on l'agullonada de l'alcohol era més forta.

– Puc investigar més discretament – vaig dir mentre m'assecava la cara –. Tinc uns amics d'absoluta confiança que coneixen la zona. Bé, tu mateix, però és estrany que algú vinga en representació dels altres. No és cert que la policia irrompa en l'ambient, i encara que ho fes està tan diversificat que mai no afecta l'estructura. Fa temps un jutge ho va intentar i malgrat la insistència a penes aconseguí desmantellar dues o tres zones.

Llancí la tovallola a la llitera.

– No m'agrada abandonar un afer que ni tan sols he iniciat – vaig prosseguir –, però és la teua germana. I vaig a ser-te franc: si els tipus que t'han enviat la dona ja m'han vist, tant fa que no ho continuem, ara ja ens coneixen. Jo no tinc fusta d'heroi, Rocky, ni menys encara pretenc que tu ho sigues, però consentir que dos o tres macarres m'intimiden em deixaria una certa sensació de regust incòmode. Mira d'entendre'm; si m'ho hagueres demanat tu ho trobaria si fa no fa raonable. La por és molt humana, però pitjor que la por és l'estupidesa, i encara no ha nascut el xulo que em diga el que he de fer.

Es mantingué amb la vista perduda al fons del vestidor, reflexionant. Jo vaig encendre un cigarret. Un pòster de Tonino Bru amb el cinturó de campió d'Espanya em projectà a la memòria records cada vegada més confusos. De la zona del ring ens arribava el baladreig del públic, amb contínues inflexions de veu, segurament motivades per l'estabilitat vacil·lant de l'espàrring.

– T'acompanyaré jo, Barrera.

– No.

– Estaria més tranquil...

– No et necessite. Siga quin siga el resultat de la nova autòpsia no avisarem la policia; d'aquesta manera, si de veritat els xulos pateixen pels ingressos, no els posarem nerviosos. Investigaré discretament, però tu extrema les precaucions. ¿Vius al pis de Tonino?

– No. Despús-ahir em vaig traslladar al pis de ton pare. Està delicat de salut i li faig el menjar; bullits i caldos, li van bé per a l'estómac.

– M'alegre que estigues amb ell, jo a penes vaig pel pis i el vell Barrera necessita companyia.

– De dia li agrada estar sol, però a les nits, desprès del sopar, xerrem fins a la matinada.

– I feu una copa.

– Sempre comencem amb unes herbetes, però quan la conversa s'anima ho barregem amb conyac i uns cigarrets. No li senta bé, però si no li trac la botella m'arma un canyeret.

– Tin – li vaig allargar un bitllet de cinc mil pessetes –, compra conyac francés i un pot d'aquells que mengen els gossos.

– ¿Has dit un gos?

– És al cotxe – li vaig donar les claus.

– I ¿és molt gran?

– Pam i mig. Tots tres fareu una bona colla. Li diuen Paquito i l'ama està de viatge.

– L'alimentaré amb Kellogg's. Quan vinga no el coneixerà.

– És probable, les carreteres estan fatals.

Vaig eixir dels vestidors. De camí a la zona del ring vaig llançar la mà esquerra contra la bola de punching; em delectava escoltar els colps rítmics de la pilota al xocar contra el sostre de fusta, els sorolls secs i seguits que comprovaven el bon estat dels reflexos.

Agafí una cadira per a observar el combat assegut en un punt de panoràmica immillorable. L'espàrring maldava per mantenir-li la distància a Tonino, entrebancant-li l'escomesa a boca de canó, el terreny on els grans pegadors són d'un perill irreversible. Buscant el directe definitiu, Tonino anava una mica desorientat pel ring, com una prostituta en una ciutat sense carrerons. L'estil matusser i contundent topava amb l'esgrima fàcil del contrincant; un crochet de dreta, però, immobilitzà l'espàrring en un angle del quadrilàter, i sense poder evitar-ho li caigué damunt una pluja de colps. L'entrenador enlairà la tovallola; el públic clogué la sèrie amb una ovació d'aquelles que es tanquen. Per a Tonino no hi havia solucions intermitges, o fulminava els adversaris o eternitzava la insolvència.

Una veïna emocionada besà el front de Tonino. De retorn als vestidors s'aturà davant meu. Anava amerat de suor dins d'un batí de seda en la part posterior del qual havien brodat el seu nom en lletres grans.

— Per a aconseguir les coses cal desitjar-les intensament — em va dir, mig somrient, mig sospirant per l'esforç —. A penes puc dormir pensant en el combat contra l'italià. ¿És normal això, Barrera?

— Sí, però no és aconsellable.

— He provat de mantenir-me tranquil, però l'obsessió em desvetlla.

— Fes servir algun mètode. Canvia l'horari dels entrenaments, qualsevol remei serà millor que comprar a un preu ridícul la satisfacció de viure.

El seu rostre dibuixà un gest de sorpresa.

— Per guanyar el títol — vaig afegir — cal que estigues tranquil, relaxat, i que mantingues allunyat l'inversionista.

— Sé que tens raó, però necessite el sopilotes — digué, assenyalant l'entrada dels vestidors, on un tipus endiumenjat esperava a la porta —. Per molt que m'entabane no em deixarà pitjor que estava.

Estirà els braços i assajà uns colps a fi de no refredar la suor del cos.

— A veure si convences el vell i veniu a Ginebra. Rocky no pot vindre, té la germana fotuda.

— Si el treball m'ho permet, no faltaré.

— No oblides el xampany.

El tros que li restava fins a arribar als vestidors el va fer caminant entre un passadís de xiquets delerosos de tocar-li l'esquena o els braços. Tonino tenia en el veïnat l'entusiasme necessari en els moments crucials. Però el dia que perda s'esvanirà l'embriaguesa col·lectiva. La gent, més encara la de condició més miserable, ignora la veu dels perdedors; odien el fracàs d'aquell en qui tenien dipositada una quimera inabastable.

Dos xavals pujaren al ring a fer guants. Un seleccionador cuidava els detalls tècnics en vista a les properes olimpíades. Només una petita part del públic s'havia quedat a presenciar el combat juvenil. En primera fila, voltat de cadires buides, el vell Barrera seguia les evolucions de l'assalt. Em féu un senyal i em vaig acostar.

— El de roig és el fill del forner — em digué, oferintme la cadira de la dreta —. Té estil però li falta punch. Em recorda a tu quan eres xiquet.

— ¿Qui és l'altre?

— No ho sé, crec que no és del barri.

— ¿Has vist el combat de Tonino?

— Sí.

— ¿Què opines?

— Psss... no és Joe Louis; ara bé, és una piconadora que li causarà molts problemes a l'italià.

El xaval de roig emmordassà en un break el contrari. Per tal d'explicar-los com eixir-se'n del llagot i recuperar la distància, el seleccionador aturà el combat.

– Al matí he vist el senyor Martorell.

– Fa temps que no ens veiem. ¿Ha anat pel diari? M'han dit que l'han fet president de no sé quin Consell...

– Del Consell Assessor. L'he vist de camí a l'ambulatori.

– Demà em passaré pel casinet.

– Vindrà a veure't ell, a la nit.

– El fill del forner no sap on arredossar-se – digué, estossegant.

L'arbitre seleccionador va aturar un moment el combat, decisió que provocà les protestes de l'escàs públic congregat al voltant del ring.

– Pare...

– Mira, mira – em va tallar –. Mira com trau la dreta el xiquet de la samarreta verda.

– Escolta'm, he vist Revert. M'ha donat l'anàlisi de la teua biòpsia. Ell mateix s'ha preocupat d'aconseguir-la.

– Revert és un bon xicot. Llàstima que siga metge.

– Metge, sí, és clar. ¿Què vols dir?

– Els metges sempre fan la mà. Que si deixés vosté el cigarret, que no li convé beure tant...

– Això teu no s'està d'un cigarret.

– Potser tens raó, però calla't.

S'alçà de la cadira i caminà cap a un racó del gimnàs. Bon punt hi arribà féu mitja volta i romangué quiet, amb la mà al clatell i la vista en la part baixa del quadrilàter. Vaig anar-li a l'encontre.

— Porte el resultat de la biòpsia a la butxaca.

— Estalvia-te'l.

— Revert pensa...

— Escolta, Hèctor, he vist alguns amics meus superar una pulmonia, per a més endavant suportar una flebitis, un infart o alguna trombosi. Fa molts anys que són cadàvers i no ho saben. Tot això és lamentable. Dis-li a Revert que li agraïsc les atencions però no permetré que em practiquen més biòpsies.

— Ets un tossut.

— L'únic que vull és prendre'm algunes copes en pau i esperar.

— El teu problema és que no sols no li dónes importància a la mort, sinó que tampoc li n'has donat a la vida.

— Estàs en un error, però tant fa; ara ja és massa tard. Vigila que em deixen tranquil — em va dir amb un registre de veu agut i rogallós.

Vaig encendre un cigarret. De cua d'ull vaig mirarme la gent del quadrilàter, empipada amb les decisions arbitrals.

— ¿Necessites alguna cosa? — vaig dir per suavitzar la tensió.

— No. Rocky és al pis. M'agrada; parla poc i cuina bé. ¿Què saps de Mabel?

— Res.

— Doncs deixa-ho córrer.

— ¿Que ho deixe córrer? L'altre dia em deies que la

gent com Rocky només ens té a nosaltres i ara em suggereixes que ho engegue a la merda! No t'entenc.

– L'altre dia estava cabrejat, com si algú m'hagués esquinçat el curs lògic de les idees.

– I ¿què és per a tu un curs lògic?

Es va fregar el front:

– La mort d'una puta no interessa a ningú, Hèctor.

– Si és així, deteste la lògica.

– Ni tan sols interessa el seu germà.

– Potser per això li has aconsellat que venga el cos.

– Li he aconsellat que se n'oblide, que intente viure de la millor manera possible i que no s'arrisque per un cadàver.

– T'ha costat, però finalment has aconseguit fer-te una persona pràctica.

Sospirà amb força, amb aquell gest de fatiga i desplaença alhora.

– No em ve de gust discutir, de veritat, no em trobe bé – va dir amb la veu somorta.

D'immediat em va passar un braç per dalt del muscle i caminàrem cap a les primeres files del ring. S'assegué en una cadira i em va assenyalar la del costat, però jo vaig restar dret.

– ¿Te'n vas? – em va preguntar.

– Sí, vull descansar i prendre un bany abans d'eixir de casa. Si et visita Revert tracta'l bé, vols? Fa molt per tu.

– Descuida, son pare i jo ens aveníem d'allò més.

Posà una mà a la butxaca de la meua jaqueta i extragué un cigarret del paquet de tabac.

– Me'n fume quatre o cinc al dia – s'excusà.

Li vaig donar foc i, sense soltar-me la mà, féu una llarga calada.

– El que més m'empipa de tot és que vaig a morir en el llit, com la gent vulgar – digué expulsant el fum.

V

D'un temps ençà no puc impedir mirar-me a l'espill com qui es mira un carnet caducat. Les arrugues sojornen a la vora dels ulls i l'aparició encara incipient d'un grup de canes als laterals del cabell pregona un punt de maduresa irreflexiva. Aviat compliré trenta-nou anys i per raons que ignore m'és del tot impossible recapacitar sobre mi mateix. El que he aconseguit esbrinar es troba en la imatge que em retorna l'espill a l'hora d'afaitar-me. Si no portés una vida acuitada potser tindria temps d'interrogar-me i, probablement, arribaria a una conclusió decebedora. Sort, però, que m'he acostumat a conviure amb els meus errors: aquest costum m'estalvia qualsevol elucubració existencial.

Sovint m'aclapara la impressió que, vaja on vaja, faça el que faça, sóc sempre al mateix lloc. Vés a saber si no és un problema de rutina. Odie l'aïllament, però; no suporte aquella mena de solitud forçada, i per això busque els espais més insòlits de les ciutats, allà on els noms perden tota significació aclaridora i s'imposa, per contra, la coexistència anònima. Necessite ben prop de mi la solidaritat del solitari, la mà ignorada o l'escalf d'una dona capaç de comprendre que en un univers així no hi ha lloc per als sentiments. És com si m'hagueren obligat a signar un contracte a desgrat de mi mateix.

Tot això li ho explicava algunes vegades a Helena, la meua veïna. Helena i jo vivíem porta a porta en el mateix replà, i compartíem poc més que el plaer dels cossos. Passat un temps coneixíem moltes coses l'un de l'altre, potser massa, i els nostres encontres perderen una mica la màgia de l'espontaneïtat.

Però m'agradava Helena; hi trobava la comprensió i l'afecte de l'amistat i el desig no empallegador de l'amant ocasional; no obstant, vivíem a tocar l'un de l'altre i, malgrat que podíem passar un grapat de dies sense veure'ns, ens teníem prop. Si ens desitjàvem només havíem de fer unes passes i un somriure de complicitat ens obria la porta. Mai ens vam buscar perquè no volíem estar sols, sinó perquè volíem estar acompanyats. En això consistia la pregona futilitat de la nostra relació.

Vaig despenjar la jaqueta del perxer del vestíbul i, a punt d'entrar a l'ascensor, em va empaitar la veu d'Helena, sobreeixint per damunt de l'espetec del pany de la seua porta.

— Ei, ¿que no recordes que tenim un sopar?

— ¿Avui?

— Et vaig deixar una nota sobre la màquina d'escriure.

— L'he vist, però estava convençut que era demà.

— Doncs no, i no em digues que tens pressa perquè he preparat una vichyssoise i uns filets amb xampinyó i trufa.

— Cony, ¿que fas anys?

— No. T'he posat a la nota que era un dia especial.

Vaig fer una ullada angoixosa al rellotge.

– ¿Ni tan sols et quedes a sopar? – va preguntar una mica afligida.

– No puc, Helena; faig tard – vaig entrar a l'ascensor –. Quan vinga portaré una botella de xampany. Paraula.

– Però ¿on vas tan de bòlit?

– Al forense – vaig cridar ja de baixada.

Si Helena s'havia atrevit amb una vichyssoise era realment un dia peculiar. Ella i jo compartíem el gust per la gastronomia enllaunada. Menjàvem i cardàvem de forma sintètica, ben d'acord amb els signes del romanticisme funcional, evitant, d'aquesta manera, qualsevol semblança amb la legalitat domèstica.

Engeguí el cotxe acuitat per la cita del forense i l'imperiós determini de prendre un entrepà, buit com tenia l'estómac des del pressumpte dinar del migdia. En el trajecte a l'Institut Anatòmic Forense vaig parar en un bar el taulell del qual exposava una filera de truites que, a les deu i mitja de la nit, s'havien convertit en una amenaça tangible. Assenyalí la que era més a prop del cambrer, per pur pragmatisme, i l'agror del vi i la duresa del pa amb prou feina alleugeriren l'atemptat culinari. El cambrer, un individu d'aspecte flac, rossenc i esventat, em va mirar impassible mentre menjava, com si estigués avesat que d'un moment a l'altre el client fos objecte d'una fallida cardíaca. Un rebentat de rom em redimí de l'àpat.

La distància que restava fins a l'Institut la vaig fer a peu. La ciutat era en calma, el cel esbandit d'un color blau obscur i els estels puntejavenací i allà un firmament net en aparença.

Bon punt vaig franquejar l'enreixat del pati de l'Institut em vaig adreçar a l'edifici. «Xarcuteria», anunciava un graffiti anònim pintat a una vora de la façana. El porter estava assegut en el sofà d'una petita habitació encristallada. L'home feinejava mig ensopit i amb les cames allargades damunt d'una cadira.

Vaig colpir el vidre amb suavitat.

— Bona nit — el vaig despertar.

— Bona nit, bona nit... — digué tot esverat.

Perplex, se'm va quedar mirant des del sofà; voreja-va la cinquantena, la seua cara tenia el color de la merda gallinàcia i semblava trobar-se a gust en la vida.

— Vaig a la sala d'autòpsies.

— ¿Vosté és metge?

— Sí.

Aleshores es va alçar i es va cordar els botons de l'uniforme.

— No l'havia vist mai — em digué allisant-se els escassos pèls del cap.

— Sóc de l'Hospital Provincial, però aquesta nit em necessita el doctor Baixauli.

— Passe avant, faça el favor.

— Gràcies.

— La sala és a la meitat del corredor, a l'esquerra.

Hauria pogut passar sense dir-li res, però m'emprenya la placidesa d'aquells l'única missió dels quals és observar. Abans d'arribar a la sala ja estava de nou intentant fer una becaina en el sofà, amb la cara d'infinita bondat que se'ls posa als vigilants nocturns en hores de treball. La humanitat hauria de ser com els porters.

Les sales d'autòpsies fan una mena d'olor semblant a la d'un magatzem de carn. Sense l'aire tètric que tenen, diries que estàs en la secció de congelats d'un supermercat. El clima de la sala és humit i fred, per tal com el terra i l'enrajolat de la paret es reguen constantment. El cos de Mabel estava estirat en una de les quatre lliteres de marbre de l'habitació. El doctor Baixauli era d'esquena a la porta, rentant-se les mans en una de les piques. Un auxiliar netejava una serra elèctrica en la pica del costat.

— Perdona'm la tardança, Baixauli — vaig dir a manera de salut.

— Amb els periodistes ja se sap — féu el doctor eixugant-se les mans.

D'una bata blanca que penjava d'un clau extragué un cigarret ros.

— El primer que m'hauries d'explicar és com has aconseguit que fes una autòpsia sense permís judicial — encengué el cigarret —. En dotze anys de professió és la primera volta que no necessite un paper per a treballar.

Tot just pretenia explicar-li-ho; em va tallar:

— Ja t'ho faràs. Entre jutges, policies i periodistes vos porteu un guirigall que potser siga millor fer el llonguis. Sou els amos de la ciutat. Però et faig saber que el que jo et diga no val de gran cosa perquè no és oficial. ¿Ho entens?

— Sí, i no m'importa.

— De poc et servirà el meu treball. Com és notori, jo no he practicat cap autòpsia. ¿M'explique?

— I tant. Ningú sabrà que l'has feta.

S'enguantà les mans i subjectant-me el braç em conduí fins a la taula de marbre on era el cos de Mabel, que tenia el cap inclinat a fi de facilitar la posició del coll. La pell del cadàver era extremament blanca, contrastant amb la grogor del greix. L'auxiliar mamprengué a regar les rajoles de les parets.

— Com que es tracta d'una segona autòpsia he anat directament a les suspicàcies. T'he d'informar, no obstant, que la primera autòpsia ha sigut correcta; és a dir: aquesta senyoreta ha mort per sobredosi d'heroïna, però li l'han injectada contra la seua voluntat — el doctor xuclà amb vivesa del cigarret —. Tot i que en el seu exterior no s'observa cap indici de violència, ni al coll, ni als canells, a l'obrir el plànol cutani — descosí uns quants punts de la pell i deixà l'interior del coll al descobert — es veu en els músculs esternocleidomaitodeus petites hemorràgies amb continguts sangonosos i altres hemorràgies que envolten la laringe. ¿Veus les marques? — em preguntà apuntant a la part lateral del coll.

— Sí — vaig dir encenent un cigarret.

— ¿Et molesta l'olor del cadàver?

— Un poc.

— És cosa de l'intestí, els morts no són massa presumits — explicà el doctor; al tornar la mirada al cadàver escampà la cendra del cigarret pel seu interior.

— ¿Quanta heroïna cal per matar una persona?

— Depén. Una persona sense addicció en té suficient amb un gram d'heroïna pura injectada de forma ràpida. Li produeix la mort instantània.

— I tu opines que Mabel ha sigut assassinada així...

— És absolutament demostrable, però la meua opinió no té cap valor sense la prova documental.

— I ¿per què en la primera autòpsia no s'han adonat?

— És molt senzill: no tenia lesions exteriors. A mi també m'hauria passat desapercebut. El que tu o la família hauríeu de fer és buscar un advocat i que demanés per via oficial una segona autòpsia.

— Els jutges sempre volen indicis racionals. ¿Amb quin motiu la demane?

— Si has aconseguit que em porten un cadàver sense autorització judicial, podries fer servir les mateixes influències.

— No tinc tanta mà, jo.

— Doncs que la família contracte un advocat.

— Només tenia un germà, tan miserable com ella.

— En eixe cas, potser al teu diari li interesse pagar les despeses i fer un reportatge desmentint l'autòpsia oficial.

— La direcció del diari prefereix no trencar la concòrdia amb la policia. Deixar en ridícul la bòfia per una puta no és un negoci brillant.

— I a tu ¿per què t'interessa una puta?

— El germà és amic meu.

El doctor Baixauli va cosir la pell del coll de Mabel. Enfonsava l'agulla amb la destresa de qui està tip de fer sempre el mateix treball.

— En certa ocasió vaig sentir que quan algú s'interessa per les coses dels altres és perquè no en vol saber res de les pròpies — digué el doctor; va xuplar del cigarret i afegí —: Ets una persona quasi honrada, Barrera, però necessites l'acció per fugir de tu mateix. No sé quines són les causes, però no m'agradaria veure't en una d'aquestes taules.

— Almenys estaria en bones mans.

— Per a mi, tots els cadàvers són iguals. Mira'ls, no hi ha res tan imbècil com la cara inexpressiva d'un mort. Si els conec, abans d'obrir-los mantinc amb ells un monòleg informal.

Vaig somriure; el meu gest animà el doctor a continuar amb el soliloqui professional:

— Fa uns mesos vaig fer l'autòpsia del meu germà, ací, en aquesta mateixa taula. Fou divertit. Per diferències de caràcter deixàrem de parlar-nos fa molts anys. Ell era gerent d'una empresa que va heretar del seu sogre, un milionari que li va endossar l'agressivitat empresarial. Acostumat a l'estretor en què ens havíem criat, tot allò li va semblar un món suggerent i edificant. I potser ho era, però ell va morir en un accident de circulació, empotrat contra el volant d'un Mercedes esportiu — parà d'embastar el coll del cadàver per fer una profunda calada, soltà el fum i continuà parlant —: Vaig començar l'autòpsia sense saber qui era, fins que, a l'extraure-li l'orina per a l'anàlisi de possible contingut de cocaïna que exigia l'assegurança, vaig observar una gran cicatriu a l'altura de l'engonal. Li vaig mirar la cara amb més atenció i llavors el vaig reconéixer. El pas dels anys i les diverses lesions facials li havien canviat el rostre, però seguia sent un mort; un estúpid cadàver que tan sols feia unes hores empaitava la glòria. Per arribar a tan poc no calia ser tan merdós, li vaig dir.

Deixà uns instants d'empalomar el coll de Mabel; tornà a xuclar el cigarret, que es consumia en una punta de la taula.

– Com Albert Camus – reflexionà en veu alta –, vaig pensar que la mort, per als homes com jo, és un esdeveniment que ens dóna la raó.

– Jo no he llegit Camus, Baixauli.

– Ni jo te l'he recomanat, Barrera.

Acabà d'embastar el cadàver i el va cobrir amb un llençol blanc. Se n'anà a rentar-se les mans a una pica.

– ¿T'abelleix una copa?

– Sí, però no puc. D'ací a uns moments em duran un xaval.

Despenjà el telèfon interior que hi havia a l'entrada i va requerir del dipòsit que li baixaren el cadàver que esperava.

– Au, tu que pots, vés i fes-te la copa – em va dir –. I no cal que em dónes les gràcies, ja m'està bé amb que la federació em renove el passe anual.

– Enguany, fila de ring.

S'assegué en un tamboret, obrí una carpeta i escrigué unes ratlles. L'auxiliar llevà el llençol i amb una mànega d'aigua li va rentar el cos a Mabel. Vaig eixir de la sala; de camí al vestíbul em vaig creuar amb l'encarregat del dipòsit, que eixia en aquell moment de l'ascensor. Duia una petita ràdio d'aquelles que s'escolten a través d'uns auriculars encaixats dins l'orella. Tirava del portalliteres amb aire marcial; era jove i semblava vagament satisfet de la tasca que realitzava.

El porter estava incomprensiblement despert. Isqué de l'encristallat provant d'assajar un somriure cordial.

— Fora hi ha un xicot que l'espera, senyor doctor. Li he dit que podia quedar-se ací dins, però ha preferit fumar-se un cigarret al pati.

— Hi ha gent molt aprensiva. ¿El coneix?

— Em sona la seua cara, però no sabria dir-li de què. Té parlar català.

— Ara isc jo. Bona nit.

— Bona nit, senyor doctor.

El Noi era arran de porta. Feia petites passejades en cercle mentre intentava driblar la seua ombra amb un pot de cervesa.

— Tinc notícies — digué ventant-li al pot amb la cama dreta.

— ¿Males o fatals?

— ¿A que no saps qui ha reivindicat el segrest de Bernat Ros?

— No estic per a endevinalles.

— Terra Lliure.

Creuàrem l'enreixat de la porta principal i ens vam recolzar sobre el capó d'un cotxe amb dos dits de pols.

— M'ho suposava, darrerament estan molt atrafegats. I ¿què demanen?

— Pela, molta pela; mil milions.

– Com s'ha disparat la vida. ¿A quina hora han cridat?

– A les set, si fa no fa. Hem tingut temps de destacar-ho en portada. Només que els titulars els ha confeccionat el director.

– Déu! – vaig fer un gest de fàstic.

– No he pogut evitar-ho – s'excusà el Noi –. M'ho han tret de les mans.

– ¿Què ha posat?

– «La banda terrorista Terra Lliure reivindica el segrest de Bernat Ros», acompanyat d'una foto d'arxiu de la família al complet.

– ¿Has llegit l'editorial?

– No, l'únic que sé és que l'ha consensuat amb l'estaf.

– M'hauries d'haver localitzat, Noi.

– He trucat al gimnàs i al pis, uns quants cops, i no hi ha hagut manera de trobar-te. He trucat a la teva veïna Helena i m'ha dit que anaves al Forense. En comptes d'agrair-m'ho em fots la bronca. No he sopat encara!

– Et compensaré convidant-te. Molt prop d'ací conec un bar de puta mare.

El Noi s'acaronà la boca de l'estómac.

– Sort que de tant en tant tens algun detall.

– M'agrada veure contents els meus ajudants.

VI

— ¿Tu has vist quin color tenia la truita?

– Ets un delicat, Noi.

– ¿Jo delicat? Vaig fer la mili a Ceuta, l'any 1976, i et juro que no vaig agafar cagarrines en tot el servei. En aquest bar no fa deu minuts que he sopat i tinc les tripes forassenyades!

– Ja voldria la meitat de la humanitat sopar com tu ho has fet.

– Parlat de negres. Circula una versió oficial segons la qual els senegalesos autòctons són els causants directes de la majoria de morts per sobredosi.

– Abans eren els gitanos, ara són els negres. Alerta amb el reportatge sobre l'heroïna, que et vendran una cabra vella. El racisme adopta diversos matisos.

Vaig obrir la porta del cotxe i em vaig repapar al seient del conductor.

– ¿Cap a on vas? – em preguntà.

– Vull parlar amb la tropa de Mario el macarra.

– ¿Saps per on campa?

– No, però potser Colometa o Robocop em diguen alguna cosa. No és massa gran, la ciutat. Un dels dos serà al Buana.

– T'acompanyo, tinc temps fins a les dotze.

S'assegué al meu costat, estirà les cames i enxampant-se la bragueta digué:

— El Trilita i jo hem quedat amb les nenes.

— Demà hauries de ser prompte al diari — diguí en compte de la felicitació que ell esperava. Engeguí el cotxe.

— Tornant al tema dels negres...

— Escolta, Noi, abans de publicar res ha de passar per les meues mans. La policia no sap com llevar-se l'emigració de color de damunt i no m'estranyaria que fes servir l'excusa del tràfic d'heroïna.

— Jo sempre et passo els reportatges abans de publicar-los, no?

— Sí, però m'agrada repetir-t'ho.

— De totes maneres, hem de reconéixer que la versió oficial no va desencaminada.

— A mi em costa creure que siguen just els detallistes qui augmenten la puresa de l'heroïna del tres fins al quaranta per cent, com diuen les estadístiques. Haurien de pagar molt més per un producte que han de revendre a una clientela amb pocs recursos econòmics.

— La puresa no afecta el preu.

— A colp d'ull sembla una contradicció.

— No ho és. La clau de l'assumpte rau en el fet que les bandes del narcotràfic internacional han deixat l'heroïna per dedicar-se a la cocaïna. En primer lloc perquè el mercat és més ampli; i, segon, perquè la posició social d'aquesta clientela permet un marge de benefici superior.

— D'acord, és un fet constatable que el consum d'heroïna s'ha estabilitzat, però no veig la relació amb la puresa.

—Doncs és la següent: la mateixa droga que passava per deu mans abans d'arribar al consumidor, ara només passa per dues o tres, amb la qual cosa arriba menys adulterada al mercat.

—I ¿no serà una estratègia dels que trafiquen amb la coca a fi de guanyar clientela?

—De rebot és possible, però la suposició més raonable és que els detallistes comprin directament l'heroïna a Holanda, Turquia o Tailàndia.

—Siga com siga, és estrany que la compren tan pura.

—No és pura del tot. Succeeix que molts heroïnòmans porten vuit o deu anys injectant-se, i es calcula que l'esperança de vida d'un addicte diari és al voltant dels deu o dotze anys. El cicle toca fi, i la puresa de la droga hi ajuda.

—Veig que estàs molt ben informat.

—Estic fent un reportatge rigorós. ¿Què t'ha dit el forense?

—Assassinada per sobredosi.

—¿Assassinada?

—Li han infiltrat heroïna pura a la força. Aprofiten l'onada de morts per sobredosi i confonen la policia.

—Li deuen haver posat molts grams.

—Una persona no addicta en té prou amb uns pocs grams injectats amb rapidesa.

Ni l'hora ni el dia no mitigaven en absolut el problema d'aparcament al carrer on era el Buana. Gran part dels cotxes estaven estacionats en tercera fila i fins i tot alguns envaïen bona part de les dues voreres. Vaig haver d'anar al final del carrer per a, just a la mateixa cantonada, aparcar el cotxe en bateria.

Al hall del Buana s'exposaven diverses fotografies de l'espectacle artístic convocat per a les dotze de la nit. Hi actuava Harri el Guai escortat per un cor de morenos sense nacionalitat concreta però de qualitat física estimable.

– En aquesta ciutat els negres no necessiten passaport. Amb que els pengi una bona pastanaga entre cames ja tenen els papers en regla – va comentar el Noi, potser més impressionat pel repertori de fotos exposades que pel problema de les minories ètniques a Europa.

Dos xicots situats arran d'escala barraven el pas a tots els que no duien tiquet. Ara i adés encetaven acalorades discussions amb algú del públic que pretenia entrar sense pagar. La presència desafiant dels dos atletes rehabilitava l'harmonia, obligant la clientela a baixarhi en fila índia. El Noi s'adherí a la meua esquena, mentre que darrere d'ell s'apilotaven un enfilall de parroquians, xaperos amb els nervis desbocats.

– Hola – vaig saludar el que venia els tiquets –, som amics de Harri. Pots telefonar-li a la barra.

– Ja ho sé – em reconegué el xicot, que posant-me una mà a l'espatlla m'empenyé cap a baix.

L'ambient de la discoteca era infernal, amb la salsa carioca a tot volum i les diverses races cohabitant a la pista de ball. Dos cambrers i Harri el Guai atenien la barra. Malgrat que el taulell era curt, els tres homes a penes donaven coll a tanta demanda etílica. Hi poguérem accedir gràcies a l'amabilitat d'un moreno que, encapritxat del Noi, ens va obsequiar amb el seu espai. El Noi agraí la finesa amb una subtil caiguda d'ulls que al moreno li va semblar d'allò més incitant.

Verticals sobre el taulell penjaven vinga Cobis olímpics repartits al llarg de la barra. La similitud amb l'autèntic era quasi magistral, si exceptuem l'enorme fal·lus que, arrencant de l'entrecuix, descendia fins a una alçada des d'on el client podia estirar l'aparell de la mascota, fent sonar una campaneta que servia d'avís al cambrer.

– Crida el Harri, Noi.

– No em sentirà, hi ha un cristo de l'hòstia.

– Doncs estira la poteta del Cobi. Cau just damunt la teua testa.

Alçà la vista i contemplà un moment el pardal olímpic.

– Em fa no sé què, cony! – digué, retingut per una mena de pudor.

Llavors el moreno allargà la mà i estirà la poteta de Cobi amb entusiasme, alhora que maldava per ensenyar-li el truc al Noi.

– Veus, és molt fàcil – el vaig encoratjar.

– Fàcil, fàcil... – reia el moreno.

– No em fas cap gràcia, negrales – s'indignà el Noi, arrecerant la reraguarda contra la barra.

– Vinga, tira de la poteta, que estic dessecat.

Féu unes quantes bursades certament cohibides al pardal olímpic, però persistí fins que va acudir Harri el Guai.

— Conec un paio que va començar tirant amb timidesa i una setmana després tenia el cul com una boca d'incendis — informà Harri —. Vés amb compte que això vicia.

— Vici, molt de vici... — repetí enjogassat el moreno.

— Fes-me un favor — pregà el Noi —. Digue-li al Kunta Kinte que faci una volta. M'està posant nerviós.

— Agarra aire, Tom — li ordenà Harri, acompanyat de la fonètica universal de les mans.

— Jo vici València pardal Cobi — somrigué el negre abans de perdre's entre la gentada multirracial de la discoteca.

— El Tom és un patriota — sospirà Harri el Guai —. En tan sols dos mesos de residència ja sap quines són les senyes d'identitat. ¿Què voleu prendre?

— En sentit metafòric anem servits, però si ens allargues un parell de ginebres empinarem a gust.

— Amb eixes desconfiances no vas enlloc, Barrera — féu Harri sense dissimular un somrís burleta.

Va posar gel en cada copa i ens mesurà dues ginebres d'etiqueta desconeguda.

— Invita la casa — digué atansant les begudes.

— ¿Saps on feineja Mario? — li vaig preguntar.

— No. Abans encara el controlava perquè deixava les empleades al Parterre i venia a fer-se una copa. Potser estiga per la zona de la carretera de les Moreres o pel port, però no estic segur.

— Parlaré amb Colometa.

— Impossible, l'han ingressat al clínic.

– ¿És greu?

– Està de conya, es va tragar un vibrador de vint-i-cinc centímetres. Pel cul, és clar.

– Ho lamente. I el Robocop ¿està en condicions?

– Només la meitat. El trobaràs baix, a la sala del billar – Harri mirà el rellotge que hi havia a la paret –. Queda poc per al passe de les dotze. He de maquillar-me. ¿Vos quedareu?

– ¿De què va? – s'interessà el Noi.

– La Blancaneus i els set negrets.

– A veure quin dia porteu una mulata – es queixà el meu ajudant.

– Si és que no hi ha públic, fillet – s'excusà Harri el Guai, marxant cap a l'altra punta del taulell.

– Noi, reserva el lloc mentre parle amb Robocop.

– Si trigues molt toque el dos.

– Un minut.

Per arribar a la sala del billar vaig haver de dissuadir un fulano enderiat a prendre'm les mides de la cintura, hàbit bastant arrelat en aquesta mena de garitos. La baixada a la segona planta fou francament costosa, per tal com l'estretor de l'escala i la concurrència que s'hi estatjava dificultaven el pas.

Ben bé hi havia cent persones en un espai que amb prou feines podia acollir-ne una quarta part. El personal tenia llogat l'enteniment en l'espectacle sado del fons de la sala; aprofitant el buit que hi havia entre la taula de billar americà i la paret, un blanc d'aspecte ferotge fuetejava amb una corretja de cuiro les natges d'un moreno. Estava nu i lligat a unes anelles de la paret, el moreno, i entre assot i flagell remenava la panera de forma tan desvergonyida com estimulant per al públic.

La planta era gairebé a les fosques i només la penombra d'un focus que il·luminava l'espectacle servia de guia allà dins. Arrossegant-me a frec de camises empapades de suor vaig conquerir uns centímetres de barra, a fi de restituir-me la ginebra que un espectador, entusiasmat pel sado, m'havia abocat per la solapa de la jaqueta. Un lladruc agut del moreno i una ovació enardida posaren punt final a aquella representació estranyament deliciosa.

Encara amb la corretja a la mà, l'impune agressor del moreno anuncià que en breus moments començaria l'espectacle de Harri el Guai. L'avinentesa aclarí de personal la segona planta i va produir un embús humà a l'escala; el negre es quedà de cul a la buidor i exposat en la paret, com aquelles tires de bacallà que penjaven de les botigues de queviures.

El cambrer em va servir una ginebra de marca tan cèlebre com l'anterior amb el mateix contingut d'aigua. Així que s'encengueren els llums vaig veure Robocop ajupit sota la taula del billar. Li vaig enfonsar la punta d'un tac en els testicles, flonjament, però la sorpresa li va provocar un ensurt i el seu magí ensopegà amb la base del billar.

— Qui ha sigut el fill de... — tragué el cap de sota la taula —. Cagondéu, Barrera, podries ser més discret!

— ¿Busques rovellons?

— L'ortopèdia, busque l'ortopèdia de la mà dreta — enlairà el munyó —. Un malparit me l'ha refilat ací baix.

— Vés a saber on l'havies posat.

Amb el tac de billar recuperà l'aparell prèmsil; jo mateix li'l vaig ajustar, ja que les articulacions de l'ortopèdia de la mà esquerra no funcionaven. Robocop era un cas insòlit a l'ambient. Amb les dues mans postisses, sense dents en el maxil·lar superior, conservava encara la geniva inferior completa. Les seues habilitats, doncs, es reduïen a la professionalitat del xapero ocasional. Es recolzà amb aire fatigat sobre la barra i va cridar el cambrer.

— Un Coco-loco, Manuelito — digué fent petar una de les ortopèdies contra el marbre del taulell. El cambrer era moré cetrí i tenia la cara com un codony.

— És nou a la casa, no? — vaig observar assenyalant l'empleat.

— Coses del Harri. Diu que d'ací al 92 es posaran de moda els índios. Té molta intuïció, quan li pega per una raça la revaloritza.

— O siga, que els negres ho tenen magre — vaig dir mirant el moreno penjat com un crist a la paret.

— Formen part dels clàssics; en canvi els marroquins van de capa caiguda. Això del pas de les taronges ha afectat molt la clientela de la Ribera.

Manuelito serví el Coco-loco amb una gran copa d'on sobreeixia un pai-pai de colorines.

— És un combinat de fruites tropicals remullat amb rom — m'explica Robocop després d'aspirar amb la palleta —. ¿Vols mamar una mica, xati?

Vaig dir que no amb el cap, tot i que, si bé es mira, després del sopar que m'havia engolit, el sabor dental del Coco-loco era un epíleg sensat.

— Necessite parlar amb Mario.

— No està visible.

— ¿Passa alguna cosa?

— Adopta certes prevencions. Hi ha una banda de macarres que intenten mafiar el mercat i Mario és molt d'ell.

— ¿Està fora de la ciutat?

— No. Ha obert un bar de putes en un carreró de la plaça del Patriarca.

— Això és molt cèntric.

— Ha pillat un bon traspàs i mentre es calma tot clausura l'activitat al carrer. Hi fa massa humitat, ¿no trobes? — em digué amb aquella cara de carbassa contenta que se li posava quan somreia.

— I dins el local ¿no el molesten?

— No s'atreveixen. Té unes màquines de premi cedides al seixanta per cent per una organització sensible als problemes dels seus clients.

— M'agrada aquesta ciutat perquè és emprenedora.

— Geni faller, Barrera.

— En efecte, allà per on mires ensopegues amb un ninot — apurí la ginebra —. ¿Com es diu el local?

— Mami Blues.

Va absorbir part del Coco-loco amb la palleta i torcant-se els morros amb el revers de l'ortopèdia afegí:

— No li digues a Harri que sé on és Mario. No vull que es pose gelós.

— ¿Teniu relacions?

— Comercials. M'agrada invertir en tot tipus de febleses humanes. Si et trobes sol i et ve de gust xixi jove li ho dius al tate. Per la patilla, em caus simpàtic – exagerà la rialla i l'alé del rom em colpí el nas.

– Als homes com tu els haurien de conservar en cambres frigorífiques –, li vaig dir.

– Gràcies, pollo.

El factor ambiental tenia el Noi desficaciat. A pesar de la ferma i invulnerable heterosexualitat que manifestava, la seua presència – reservada presència en un angle del taulell – constituïa un èxit, considerant la quantitat de proposicions mímiques i sonores que rebia. La poteta extra de Cobi s'havia allargassat un tros, possiblement per la didàctica de Tom el moreno, pedagog voluntariós del Noi en menesters de saviesa autòctona.

Els llums de la primera planta s'apagaren, els altaveus reproduïren cançons pròpies del music-hall i el teló de l'entarimat s'alçà. Aparegué a l'escenari una representació d'africans, amb l'única vestimenta d'un tanga angoixat per la pressió orgànica i una barretina de patufet al cap. Una interminable ovació rebé els artistes.

– Alegra't, Noi, ja em tens ací.

– Deixa'm que et confessi una cosa.

– Endavant.

– No voldria pecar de vanitós, però fa dos anys que visc a València i encara no m'han donat pel cul.

– No et descuides.

– Com diu el Trilita, si et cauen deu duros més val que els treguis a patades.

Un focus encerclà la figura de Harri el Guai, abillada de Blancaneus sense massa rigor històric; aleshores, els set negrets es van desprendre del tanga i el públic, tots a una veu, cantaren allò de:

Mon pare no té nap
mon pare no té nap
ma mare és xata
i un germanet que tinc
i un germanet que tinc
un pam li'n sobra.

– Barrera, ¿em pots dur al centre?

– Et deixaré prop.

– Doncs vinga, que porto un empatx de boniatos que no m'aclareixo.

Encara no havia acabat de pronunciar l'última paraula que ja era a peu d'escala. El vaig encalçar pel muscle.

– Hi ha algú que vol dir-te adéu, Noi.

Amb un dit vaig apuntar a la barra.

– Fàcil, fàcil... – reia Tom el moreno, acariciant el pardal del popular Cobi.

– Mil duros a que el negret acaba sent fill il·lustre de la ciutat – apostà el Noi.

No me'ls vaig jugar.

Al vestíbul només eren els dos xicots, drets a l'interior d'una cabina. Es van sorprendre de veure'ns tan aviat, quan l'espectacle estava en el seu inici; no digueren res, però, i dedicaren l'atenció a ajustar el recompte de tiquets amb la recaptació monetària.

La brisa nocturna m'alleugerí el rostre, convulsionat per l'atmosfera boirosa del Buana.

– Li dius a Trilita que demà l'espere a les onze del matí, en el meu pis.

– Està de vacances.

– El convidaré a dinar. Anirem al Club Español de Tenis.

– Ja va sent hora que canviïs d'aires. De tant en tant és bo comunicar-se amb la gent instruïda.

Fins a la plaça del Patriarca, el Noi reiterà la tàctica de seducció que posaria en pràctica amb la nena que, després de laborioses discusions amb Trilita, li havia caigut en sort. Se'l veia content, amb el goig que precedeix una vetlada prometedora.

Vaig estacionar el cotxe a la mateixa plaça. Un rètol d'electricitat multicolor m'avisava de la presència del Mami Blues en un carreró sense eixida. El Noi s'acomiadà engegant un trot acuitat per l'ansietat carnal.

La façana del Mami era tot un indici del que es trobava a l'interior. Un tendal descolorit per la inclemència climàtica, escortat per dos fanalets, i una porta amb una sirena de pitrera orgullosa prologaven un paisatge clàssic. De l'ambientació musical es responsabilitzava Frank Sinatra, enviant notes càlides a través d'un bosc de fum espés barrejat amb l'olor persistent d'un esprai barat. Anaven nues fins a la cintura, les dones, i la que no atenia un client estava asseguda en un tamboret de la barra o recolzada a la paret, fumant o escoltant la cantarella intensa de Sinatra amb el gest aquell de les immortals aquarel·les d'Edvard Munch.

La dona que era al front de l'enregistradora m'envià una jove de llavis molsosos i de cara empolsimada.

—Feia temps que no venies—saludà, agafant-me de la cintura.

Una de dues, o la jove m'havia confós amb un altre o bé m'havia pres per un imbècil. Desitjava que fos correcta la segona suposició; què hi fa el que aparentes en un ambient on la realitat més tangible pertany al món del simulacre més indubtable.

M'arrossegà de la mà fins a la barra i tot just acudí l'encarregada va demanar dos whiskies.

—Ballantine's, eh?—féu ella, mirant-me per tal que ratifiqués la magnífica memòria que posseïa.

Vaig dir que sí amb un somriure. Es dugué la meua mà a la boca i féu relliscar la humitat dels seus llavis al llarg del dit gros.

—Segur que ja no recordaves els morritos de la Sandra — em renyà amb un somrís.

L'encarregada vingué amb els dos whiskies.

—Busque Mario—li vaig dir; i davant la mudesa de la capataç vaig insistir—: Vull veure'l. Digues-li que sóc Barrera.

Isqué de la barra i s'enfilà per una escala. Sandra em soltà el dit i agafà el got de forma suspicaç.

— No sabia que eres amic de Mario — digué abans de beure.

— M'estranya, perquè és per qui primer demane quan entre en un lloc com aquest. Potser ho has oblidat.

—Jo no oblide mai una cara.

— Ni jo uns morritos com els teus.

L'encarregada em va cridar de dalt de l'escala. Vaig

agafar el Ballantine's i vaig pujar a reunir-me amb ella. Obrí la porta d'un despatx i s'apartà a una vora.

– Posa't còmode – m'indicà Mario, sense traure la vista a un pilot de bitllets que hi havia damunt la taula.

Vaig fer un glop mentre esperava que acabés de computar el paper escampat. A les parets penjaven grans fotos de dones amb roba interior o nues, dedicades a Mario amb paraules abrandades.

– No sé per què m'agrada tant la pasta – sospirà, cansat de comptar bitllets.

– Evita fer-te preguntes idiotes – li vaig aconsellar.

Agrupava els bitllets en feixos de vint i els llançava a un calaix després de subjectar-los amb una goma.

– Uf – digué enllestint el darrer feix –. Crec que m'he guanyat un descans.

S'alçà de la taula i es dirigí a una petita nevera encastada en un moble bar. Anava amb trage blanc i camisa negra; una cadena d'or massís es perdia entre els pèls que li voltaven el coll. Era alt i de pell molt bruna; la mena de tipus capaç d'arrencar-li un somriure a una feminista després de galtejar-la. Per on el mirares tenia pinta de macarra.

– Últimament t'han vist fent preguntes – va remenar el conyac.

– He comés l'error de no vindre abans a parlar amb tu. No sabia on trobar-te i he preguntat a algunes putes que coneixia.

– Les putes tiren de queixal amb molta facilitat.

– I això ¿és mal?

– Depén de la versió que et conten.

— La veritat és que no he tret res en clar.

— Encara que et coneguen no et tenen prou confiança.

— ¿Tu coneixies Mabel?

— ¿Mabel? No — arronsà els muscles —. ¿Per a qui treballava?

— És el que intente descobrir.

— Mabel ¿era el seu nom autèntic?

— Sí, Mabel Ferrer. Tenia vint-i-nou anys, era pèl-roja tenyida i un poc més baixeta que jo.

— ¿Qui la busca?

— Ningú, l'han assassinat.

— Si li han fet la pell no entenc com no m'he enterat.

— Oficialment ha mort per sobredosi d'heroïna.

— Això quasi és una mort normal, però tinc el paio que podria dir-te alguna cosa.

— He dit oficialment, Mario.

— ¿Ha palmat o no per l'heroïna?

— Sí, però no era addicta. Si trobara el protector... — vaig dir, fent servir l'eufemisme.

— Complicat està. Si no conec la puta és perquè no conec el macarra.

— ¿No els coneixes tots?

— La professió s'ha massificat. De fa un any funciona un grup que controla bona part de les putes del carrer. Volen el monopoli absolut del negoci. Tenen invertits molts diners en el tràfic d'heroïna al triangle Barcelona-Madrid-València. També han penetrat a les barres americanes i a la prostitució masculina.

— ¿Com és que Robocop no m'ha dit res?

— Ja m'ocupe jo que no s'entere. Si sabera que aquesta màfia entra en competència amb mi retiraria el capital de l'empresa, i no m'interessa. Tampoc és massa preocupant, per ara, ja que els diners els obtenen en gran part de les dones i l'heroïna. D'altra banda, alguns de nosaltres estem en contacte amb un consorci de tragaperres per veure si organitzem una cooperativa i els fem front en el moment que calga.

— M'havies dit adés que coneixies un paio que podria saber alguna cosa de Mabel.

— Si ha mort per sobredosi, és probable que Drogueria Cortés et puga ajudar.

— ¿Qui és?

— Un gitano que trafica pel seu compte. El trobaràs a la platja, al final de la Malva-rosa, en unes cases mig en terra que va construir l'ajuntament per als funcionaris i mai les van ocupar. Pregunta-li només el que t'interesse. Pica la porta tres voltes i digues que vas de part meua. Sabràs quina casa és perquè prop d'ella sempre hi ha quatre o cinc gitanos de guàrdia.

— ¿Creus que m'ajudarà?

— Sí, està en guerra contra els altres i a més a més t'envie jo. És un fill de puta, però tenim un interés comú: jo les meues putes i ell el control dels seus drogaaddictes.

— ¿Com has dit que li diuen?

— Cortés; Drogueria Cortés entre els parroquians.

— El meu ajudant està fent un reportatge de les morts per sobredosi. Li convindria visitar-lo.

— Que no se li acudisca traure'l als papers, el cosiria a navallades.

— Li passaré l'avís.

Vaig fer una glopada al Ballantine's i vaig deixar el got damunt del moble bar. Odie el whisky, és com si em passés un grapat d'encenalls de fusta de mòbila per la gola. Em va eixir un rot que Mario va celebrar com un símptoma de la bona qualitat del líquid que servia; en realitat, l'únic que jo desitjava era netejar el pap de qualsevol rastre de sabor.

Vaig deixar Mario ordenant els feixos de bitllets en una caixa forta que estava encaixada en la nevera. No es fiava dels bancs, em va dir, de tant en tant els roben.

Una colla d'amics havia animat el Mami Blues. Semblaven vindre d'un sopar de comiat de solter i anaven una mica sobrats d'alcohol. L'encarregada estava feliç i apegada a l'enregistradora; la barra era plena de botelles, mentre les putes i els clients ballaven plegats la salsa portorriquenya de Roberto Torres:

Caballo viejo
tiene el tiempo contao
y se va por la mañana
con su pasito apurao
a verse con su potranca
que lo tiene embarrascao.

Davant del meu intent de pagar les consumicions, l'encarregada oposà la fermesa d'un gest cordial:

— Els coneguts de Mario no paguen.

Li vaig donar les gràcies; vaig arribar a la porta, obrint-me pas a través de l'alegre encalçada a què eren sotmesos els clients, alguns amb la boca ocupada en els pits de les potranques del Mami Blues. Sandra giravoltava pel local amb un home gras de calva ostentosa. Anava descalça i només duia unes minúscules bragues triangulars a tall de vestimenta. En el recorregut del Mami al cotxe vaig tractar d'imaginar l'aspecte que deuria tenir vestida.

La plaça estava silenciosa. Al meu voltant l'aire era plàcid, quasi suau; però la nit s'havia ennuvolat. Estava cansat i vaig dubtar entre anar a veure el tal Cortés o presentar-me al pis d'Helena. Un llampec esclatà en el firmament i tot seguit començaren a caure petites gotes d'aigua. Vaig pujar al cotxe i de dalt estant vaig decidir, a contracor, visitar el gitano, persuadit que la gestió no em prendria massa temps.

Pel camí vaig parar en un caixer automàtic, vaig traure diners i de pas vaig controlar el meu compte, ratllant el fons a deu dies del final de mes. Fins a la platja vaig accelerar el motor tant com vaig poder, aprofitant l'absència de trànsit i l'avaria de gran part dels semàfors, que donaven preferència als que circulàvem per les artèries principals. Gairebé tots els pubs de la Malva-rosa eren tancats; només un tablao flamenco i uns cotxes a la penombra de la sorra acollien un poc de públic. Ja no plovia però l'aire s'havia tornat una mica més fresc.

Vaig enfilar l'avinguda fins que es feren visibles un seguit de cases amb aspecte d'estar deshabitades. En una d'elles muntaven guàrdia tres gitanos. Vaig aparcar a l'altra banda i vaig creuar el carrer sota l'esguard curiós de tots tres, expectants davant una silueta poc familiar. S'apartaren de la porta i vaig entrar sense dir-los res. Un passadís llarg menava a una altra porta a la punta del corredor. Vaig picar tres voltes i algú va acoblar l'ull a l'espiera. M'obrí una dona.

L'habitació era ampla; enfront hi havia un finestral obert de bat a bat, que feia d'eixida d'urgència a la part posterior de la casa. Cortés estava prop del finestral, darrere d'una taula solcada de relleus d'heroïna blanca i marró, cocaïna, amfetes, haixix i dues classes de porros, possiblement de cocaïna i de crack. Penjant d'un fil llefardós, una bombeta queia vertical a tocar de la taula.

El gitano atenia dos individus; amb una gran navalla separà unes quantes ratlles de cocaïna. En un lateral de l'habitació, la dona trossejava un conill que fregiria en una paella amb oli bullent. Prop d'ella quatre xiquets d'aire acanyat contemplaven un vídeo de la Pantoja mentre esperaven l'hora de la ranxada. Els dos individus pagaren la mercaderia i Cortés ficà els bitllets a la butxaca d'un davantal que duia ajustat a la cintura. La dona els obrí la porta i va tornar als seus menesters. El gitano se'm va quedar mirant.

— Vinc de part de Mario — vaig dir per satisfer-li la curiositat.

— ¿Què vols? — contestà, situant la navalla a la seua dreta.

— Parlar amb tu.

– Arrima't, vull veure't millor la cara.

Així que vaig arribar a la taula va pujar la bombeta per dalt dels nostres caps.

– No t'havia vist mai – em digué.

– Treballem en camps diferents.

– ¿Tens dones?

– Busque l'assassí d'una prostituta. També el seu macarra.

Tocaren a la porta. Tres voltes. La gitana s'eixugà les mans i després de comprovar a través de l'espiera obrí. Era un xicot molt jove, abrinat i amb l'adolescència desfigurada en un rostre abotornat per l'heroïna. Venia proveït d'una ràdio-cassette. Cortés tancà la finestra i m'indicà que em fes a una vora. Baixà la bombeta. A continuació ordenà al xaval que deixés l'aparell damunt la taula i es retirés un metre. El xicot i jo ens miràrem; duia caçadora de cuir negra i un pantaló de vaquer llefiscós. Li faltaven algunes dents i, angoixat, a penes podia dominar un lleuger tremolor a les mans. El gitano examinà la ràdio-cassette i procedí a la transacció comercial. Feia la impressió que podia passar qualsevol cosa en qualsevol moment.

La dona mantenia la porta entreoberta, com si estigués neguitosa amb la presència del nouvingut. El gitano va agafar la navalla, va donar la volta a la taula i li va entregar un petit sobre amb heroïna. El xaval tirà enrere fins a la porta i marxà de pressa pel passadís. Cortés encengué un cigarret i esbufegà:

– Hi ha paios que es millor no descuidar-se.

Dos xiquets començaren a barallar-se. Per reconduir la situació, la dona estovà a parts iguals les dues criatures que, més tranquil·les retornaren l'esment al vídeo.

– ¿Com ha mort la puta? – preguntà el gitano.

– Sobredosi d'heroïna.

– Jo no venc heroïna pura – adoptà un gest circumspecte –. Ni la talle amb calç, ni amb estricnina. Només glucosa i bromur.

– Cuides bé la clientela.

– Saben que Cortés no els farà cap putada.

– Ni els delatarà a la policia. Des de fa unes setmanes tenen ordres de detindre els heroïnòmans.

– La bòfia no s'acosta per ací – digué amb seguretat –. Tenen massa feina. El problema són els altres. Ho volen tot.

– ¿Qui són?

– No poses el nas en una guerra que no és la teua.

– Tan sols m'interessen els que estan relacionats amb les dones.

– Pregunta per Florian.

– ¿On el puc trobar?

– Està amagat – acaricià el full de la navalla –. El seu soci aparegué apunyalat i ara és ell qui té tots els números. Sa mare té una casa de cites als afores de la ciutat. Ella sabrà on és.

– I ¿a tu no t'interessa?

– Està ben protegit. Coneix el contacte exterior per a entrar l'heroïna, però quan ja no els faça falta el deixaran sol. No tinc pressa.

– Potser pretens que jo t'estalvie feina.

– Tu m'has preguntat per algú relacionat amb les dones i jo t'he donat el nom del paio que controla les putes addictes a l'heroïna. Si no t'enviara Mario no t'hauria dit res.

– ¿On és la casa de cites?

– Tires per la carretera d'Alacant, a quatre o cinc quilòmetres trobaràs un hiper a la banda dreta, li dónes la volta i agafes la carretera en direcció al Saler, passes un túnel i a l'eixida tombes a l'esquerra. A uns cent metres veuràs un xalet amb un rètol que diu Las Delicias.

– Amb això és suficient.

– Si trobes Florian, li dius que Cortés té moltes ganes de saludar-lo.

– Així ho faré.

Vaig encendre un cigarret. El gitano va obrir la finestra en l'instant que la dona començava a sofregir el conill. Vaig fixar la vista en el muntó de cocaïna. Una ratlla no m'aniria malament, però potser el que més em calia era descansar. Cortés em va mirar amb un gest bufó.

– ¿Vols un cigarret? – enlairà un porro amb aquelles mans peludes com un porc espí.

– ¿Què du?

– Crack holandés.

– M'apanyaré amb el Celta.

La dona m'obrí la porta. Tenia el vestit esquitxat de sang del conill. A despit de l'aspecte untós, era guapa, amb uns ulls grans i negres i un cabell sedós fins a meitat d'esquena. M'escrutà amb vivesa durant els breus segons que van transcórrer fins que vaig desaparéixer corredor enfora.

Els tres gitanos encara eren a la porta del carrer. Els vaig saludar amb un lleuger moviment del cap. A l'engegar el motor els fars del cotxe il·luminaren la silueta del jove de la caçadora de cuir negra. Estava arrecerat vora una tàpia, melangiós, viatjant per l'únic paradís on li era permés d'accedir. Potser allí aconseguia aquella mena de llibertat humiliant que es troba al fons de la misèria humana.

Un cotxe patrulla de la policia va passar a poca velocitat en direcció al port. Entre ells i els gitanos no hi hagué cap mirada inquisitiva, ni tan sols una llambregada de curiositat professional. Vaig marxar cap a casa aclaparat pels pensaments: ignorava per què la tragèdia no em provocava cap resposta, ni fàstic, ni ràbia, ni impotència; o és que ja no en quedaven, de respostes, o bé és que evitava preguntar-me, conscient com era que escoltant-me a mi mateix mai no havia aprés grans coses.

La pluja tornava a repicar contra el vidre davanter. Vaig llençar la burilla del cigarret per la finestreta i me'n vaig encendre un altre. L'encenedor estava a l'altra butxaca de la jaqueta, junt al sobre de l'anàlisi de mon pare. Així que vaig encendre el cigarret vaig esquinçar l'informe de la biòpsia en multitud de bocins i els vaig llençar a fora. El vent els escampà per l'asfalt. No vaig poder defugir la sensació que, fet i fet, hi disseminava les seues cendres.

Quan vaig arribar al barri, deixí el cotxe prop del portal. Helena tenia la persiana de l'habitació alçada. Bon punt isquí de l'ascensor vaig topar amb ella al replà. Estava vestida i el seu semblant acusava un cert neguit.

– M'he oblidat el xampany – vaig dir jo, però ella no somrigué –. Si arribe a saber que m'esperaves...

– I tant que t'esperava! Tres individus t'han entrat al pis. Fa una hora. No guanye per a sorpreses!

– Ara en parlem.

– Si els haguesses vist la cara...

– ¿Quina pinta tenien?

No li vaig donar temps a contestar. El pis semblava estar en ordre. El televisor era al seu lloc, els calaixos romanien tancats i no hi havia cap indici que denotés un escorcoll.

– Han entrat un moment i de seguida han marxat – féu Helena.

– Em buscaven a mi.

– ¿En quin embolic t'has posat ara, Hèctor?

– No res, dona. Dis-me com eren.

– Eren joves i forts.

– També podies haver-te fixat més. Les cares, ¿com eren les cares?

– No ho sé, ara mateix les tinc difuses. Estic nerviosa. Però tinc el cotxe en què han marxat. I la matrícula. Vine.

Vaig passar al seu pis; entrà al dormitori, abaixà la persiana i tornà al menjador amb el full arrencat d'un bloc.

– Tin. Era un Fiat Uno blanc.

– Això ja és una altra cosa.

Vaig seure en una cadira de la taula del menjador.

La vichyssoise encara era allà, una mica espessa. Vaig embutxacar-me el full i vaig mesurar-me vi en una magnífica copa amb la qual Helena havia abillat la taula.

—Hèctor, ¿per què han vingut per tu? —insistí ella.

Només li vaig dir que no era important; no em trobava especialment actiu i preferia llevar-li maldecaps, que restés al marge dels meus embolics. El vi era sensacional, d'altra banda.

— Hèctor...

— No sigues plom, Helena; no passa res, coses de l'ofici.

— No em referia a això.

— Ah, no? ¿A què et referies, doncs?

— Me'n vaig.

— Està plovent i són les tres de la matinada.

— Me'n vaig del pis, Hèctor — digué, alçant el to de veu.

M'empassí tot d'una el got de vi.

— Dona... estàs en un bon pis, pagues poc de lloguer i vius prop del centre — vaig objectar.

— I a més a més et tinc a tu al costat, oi?

— La modèstia m'ha impedit recordar-t'ho.

— Me'n vaig per això, perquè et tinc massa prop.

M'alcí de la cadira i rodejant-la amb els braços l'estrenyí contra el meu pit.

— Aquesta vegada no, Hèctor; ho tinc ben decidit.

— Has passat un mal moment. Només és això — diguí besant-li els llavis i acaronant-li els cabells.

— És una decisió llargament meditada.

— Si el problema sóc jo, mai més entraré en aquesta finca.

— El problema ets tu, en efecte, però no cal que te'n vages.

— No ho entenc, Helena, fa una estona anàvem a celebrar un bon encontre i ara vols anar-te'n del meu costat.

— Anàvem a celebrar un dia especial: el comiat.

— No digues tonteries.

Ens fundírem en un bes profund. Vaig notar els llavis amb una força que mai no els havia sentit. Tenia el cos adherit al meu quan una llàgrima li va regalimar per la galta i se'ns diluí entre els llavis.

Va retirar suaument la cara, s'allisà la falda i s'assegué al sofà.

— Manel i jo ens en anem a viure junts — féu, eixugant-se els ulls amb un mocador violeta.

— ¿Qui és Manel?

— Un company de Facultat. Ha sopat alguna vegada ací.

— ¿El paio de bigoti i les ulleres de carei?

— Sí.

Vaig seure al seu costat amb una copa de vi entre les mans.

— Sembla un bon xicot — vaig dir a la manera d'una felicitació forçada —. ¿Estàs enamorada d'ell?

— Ens avenim molt bé.

— Ja — vaig sospirar.

— Tenim projectes professionals, alguna cosa que ens unisca més enllà del llit.

— Més enllà del llit hi ha ben poques coses, si exceptues l'amistat...

— Hi ha la solitud, Hèctor; llargues hores d'hivern sense saber amb qui parlar.

— Tu i jo no estem sols, ens tenim a un pas.

— ¿Que no estem sols? ¿Saps quantes voltes he hagut de quedar-me sola perquè tu estaves amb una altra dona en el teu pis?

— A la inversa també ha passat. Recorde un dia...

— No continues, per favor. No es tracta que fem un recompte dels polvos que no pogueren ser. En el nostre joc, com en tots, també hi ha un perdedor, i jo estic cansada de perdre. En realitat tots estem perdent, però tu sembles poc disposat a admetre-ho.

Em prengué la copa de les mans i es va beure tot el vi.

— Durant aquest temps — agregà — he intentat estimar-te i tot ha estat inútil, tu no t'has deixat. Albergava alguna esperança que canviasses, però mai m'he sentit estimada per tu. No em queixe. És la teua manera de ser i no tinc cap dret a retraure-t'ho. Cada vegada et veig més endinsat en un camí absurd i no vull que m'hi arrossegues.

Em vaig alçar del sofà i em vaig fer una copa. I una altra. I encara una altra. Després la vaig estavellar contra la paret. Estava borratxo, però ni així gosava dir-li que es quedés al pis. No li podia prometre res, i tampoc trobava cap valor a les paraules.

La vaig alçar per les aixelles i ens abraçàrem fortament. Les meues mans li recorregueren tot el cos. Caiguérem sobre el sofà i allí mateix férem l'amor. No ens diguérem res i procuràrem evitar les mirades. Després ens vam adormir, abraonats tant com ens fou possible, conjurats contra aquell paisatge de solitud que ens empaitava.

VII

Si hi havia algú que amb la seva presència al Club Espanyol de Tenis podia sorprendre'm eixe era Toni Butxana. Estava ben aclofat en un gran sofà en semicercle, al saló de té, solitari però al bell mig de tipus d'aquells que pertanyen al món dels ordinadors i les targetes de crèdit, distints de les amistats que habitualment l'envoltaven. Llegia un diari amb l'esguard distant de qui s'ho contempla amb escepticisme o de qui, forçat per les circumstàncies, no li queda més remei que llegir mentre espera. Feia uns quants mesos que no ens havíem vist; a sota de la barbeta se li havia apilat una mica de papada, vestia amb roba esportiva tot i que d'una manera inusual en ell.

Vaig seure al seu costat, i ell també va necessitar dues llambregades seguides per tal de cerciorar-se que era jo. Encaixàrem sense dir-nos res, però l'expressivitat de les nostres rialles va molestar d'allò més la resta de tertulians, que enllestien a mitja veu negocis probablement immobiliaris. Es va produir un breu silenci, una intensa mirada col·lectiva de reprovació i la volta a la normalitat així que Butxana i jo abandonàrem el saló.

Vam anar a la terrassa del restaurant, des d'on la panoràmica del club era completa. Ens situàrem prop de la barana, de cara a un gran llac artificial que envoltava una petita illa amb una piscina. El club era ple de dones que aprenien de la mà d'un professor expert els secrets del tennis. Abundaven les dones de mitjana edat, acompanyades per altres molt més joves, filles si més no ansioses d'aprendre el mateix oci de la mare. Les pistes de tennis estaven separades per fileres de xiprers, a la part baixa del club. La vista era agradable, amb el llac poblat d'ànecs i cignes i nenúfars. Trilita era allí, aprofitant que Mari Carmen Montagud i el nóvio posaven per al fotògraf de la revista *Mestresses* seguint les indicacions de Carlota Max.

– Supose que et preguntaràs què fa un individu com jo en un lloc així – digué Butxana just després de parlar amb el cambrer.

– ¿Algun treball?

– Doncs... en certa manera sí. Podríem dir-ho així, efectivament.

– Jo he vingut pels mateixos motius. ¿Com, si no, podíem veure'ns tu i jo a la terrassa d'un restaurant com aquest?

– Home, no està malament. És tranquil i rarament es perd una cartera. Bo... – rectificà –, un dia vingué a visitar-me el Penjoll i desaparegué el joc de ceràmica que hi havia al saló de té.

– ¿Véns molt per ací?

– Quatre dies a la setmana.

Copsà la mirada d'estranyesa que devia fer, i assenyalà les pistes de tennis:

– Acompanye Maite. És aquella que hi ha a la pista d'entrenament individual. ¿La veus?

– Sí.

– Visc amb ella.

– ¿Com?

El cambrer dugué dos martinis i un plat d'olives farcides. Vaig tornar la mirada a la pista d'entrenament individual. Des de la meua posició em va semblar que era una dona de silueta correcta però d'edat assaonada.

– Apunta-ho al compte – li indicà Butxana al cambrer amb incontestable familiaritat.

– Veig que estàs decidit a formar una família.

– És viuda. El seu marit era un coronel d'aviació que pilotava trastos d'aquells de la segona guerra mundial. En definitiva, un dia de tempesta caigué en un tomatar de la província de Múrcia i tardaren tres dies a recomposar-lo. Va ser una pena perquè era un demòcrata, i ja saps el dèficit que hi ha en personal d'aquesta mena.

– Trobe que és una mica gran, la Maite. No?

– Cinquanta tacos, però portats amb molta dignitat. Es cuida molt: tennis, massatge, sauna. En fi...

– Doncs estàs un pèl gras.

– Odie l'esport, Barrera.

– Segurament acuses la inactivitat.

– Ja ho pots dir. Maite no vol que treballe i ací estic, de xulo de viudes.

– ¿Quant fa que vius amb ella?

– Cinc mesos.

– I ¿no t'avorreixes?

– Per no perdre el nas de l'ofici vaig encetar un joc amb Penjoll i Colometa. Per cert, ¿t'has enterat del problema de Colometa?

— Sí, vaig estar anit al Buana.

— Mira que el vaig avisar: Coloma, compte amb els vibradors que són criminals. Però com és tan curiosa... Doncs això, abans del desafortunat incident Penjoll i Colometa assaltaven el xalet de Maite una volta a la setmana. Només es tractava d'un exercici estratègic. Si jo els pillava pagaven un sopar; i si no el pagava jo. Vaig haver d'interrompre el joc perquè un dia els va sorprendre Maite i es va desmaiar. Cagondéu, una mica més i ens haguérem vist involucrats en un homicidi involuntari, per culpa del Colometa, que fa vint anys que no s'arregla la dentadura i a mitja llum sembla Belfegor. I damunt el malparit del Penjoll havia fet amistat amb la minyona i en comptes d'anar per feina venia a cardar-se-la.

Riguérem tots dos de gust. Al llac, Trilita i el fotògraf de *Mestresses* continuaven retratant Mari Carmen Montagud i el nóvio; a indicació de Carlota Max, havien accedit a pujar dalt d'una barqueta, envoltats d'ànecs i cignes.

— Bé, ara ja saps a què em dedique — clogué Butxana —. I tu, ¿què et porta per ací?

— Vull fer un reportatge sobre l'entorn de Bernat Ros i supose que aquesta mena de vida forma part del seu espectre social.

— ¿Només t'interessa això? — Butxana somrigué burleta.

— No pensaràs que vaig darrere d'una viuda.

— Potser t'abelleixen més joves, però igualment afortunades.

– Vés al gra.

– T'agrada la nina de la barqueta, oi? És un bombonet. Filla de l'empresari Montagud. Dissimules fatal, Barrera; des que som a la terrassa no li has llevat l'ull de damunt.

– Ella forma part del meu treball. Son pare és soci de Bernat Ros en una empresa anomenada Bloking.

– ¿La coneixes?

– Hem creuat algunes paraules.

– Al nóvio li diuen Carlos Olite, aspirant a pilot de fórmula u i fill de don Antonio Olite, amo dels millors cellers de vi de la Rioja. Es casen d'ací a dues setmanes. La boda de l'any a València.

– Coneixes molt bé l'alta societat.

– No oblides que ara en forme part. Sóc una mena d'enciclopèdia de la vida social urbana. Conec per dalt i per baix.

S'alçà de la cadira i anà fins a la barra, agafà un exemplar del meu diari i l'estengué a la taula obert per les pàgines que informaven del segrest.

– El paio que va davant de Ros és el seu xofer – digué mentre assenyalava una foto del segrestat entrant en una de les seues fàbriques.

– També és el seu guardaespatlles.

– Això ho ignore. En canvi et puc assegurar que és un homosexual apreciat i conegut als ambients truculents del gremi. Segur que no li farà cap gràcia veure's al diari. A pesar que a la nit canvia de perruca i d'ulleres, el meu olfacte de professional l'ha detectat de seguida. Colometa el reconeixeria.

— ¿Et sona un tal Florian?

— Alguna cosa he sentit, però no sabria concretar-t'ho. Si t'interessa puc tirar-te una maneta.

— Em sap greu molestar-te, com que et veig tan acomodat...

— Ja fa uns dies que em qüestione la vida de golfo que porte. Obrir un parèntesi estimularia les meues qualitats. Només serà un parèntesi, Barrera, m'he jurat que mai més tornaré a envejar. M'he passat un grapat d'anys treballant per als rics i al final he congeniat amb ells. No són mala gent, es diferencien dels altres perquè no els cal somiar.

— ¿Què li diràs a Maite?

— Procuraré que no ho sàpia. Però dis-me quin embolic duus entre mans.

— No és llarg d'explicar. Busque el macarra d'una prostituta que ha sigut assassinada. Era germana d'un amic meu.

— I el teu amic vol saber qui l'ha mort.

— Al principi estava ben decidit. Ara ja no tant, degut a una visita que li van fer uns xulos, però a mi continua interessant-me.

— És clar, tu ets periodista i tot ho veus en funció d'uns grans titulars de diari. Ací és on entra el tal Florian, no?

— En efecte. Tinc entés que sa mare fa de madame en un antre anomenat Las Delicias.

— Sé on és. Carretera d'Alacant a mà esquerra. Serà millor que t'acompanye, hi ha garitos on no se sap mai quina sorpresa t'espera. ¿Quan pretenies anar?

— Avui, cap al vespre.

— A eixes hores lliure. Maite va a la sauna acompanyada pel xofer.

— ¿També tens xofer?

— Un filipí que fa de majordom, minyó de les comandes i conductor. Una joia.

La sessió fotogràfica del llac havia tocat fi. Carlota venia acompanyada dels nóvios i el fotògraf, caminant amb flema mentre ajustaven els termes d'una entrevista breu i cordial que il·lustraria les fotos. Trilita va pujar les escales que menaven a la terrassa i a penes pogué contindre el desconcert en adonar-se de la presència de Toni Butxana.

— Hòstia! Si és el Butxi!

— Què hi ha, malparit! — li amollà Toni davant la confusió de les persones que estaven vora la nostra taula.

Així que deixà la bossa de les càmeres Trilita s'abraçà efusivament a Butxana.

— Mamó, estàs gras com una vaca. ¿A què et dediques?

— Faig classes de tennis.

— Tu sempre prop del xixi, cabronot!

En vista de l'espectacle lingüístic, vaig creure oportú posar una mica d'ordre:

— ¿Has tret bones fotografies, Trilita? Ja t'he dit el reportatge que vull fer.

— M'he servit de l'amabilitat de Carlota per traure unes fotos de la parella de l'any. Ella és...

— La conec.

— Està bona, la tia. Pujant a la barqueta li he vist les bragues...

— Baixa la veu, que no estàs a la redacció — el vaig avisar.

— Després he tret unes vistes del llac artificial i quan tornava cap ací he vist una carcamal jugant al tennis...

— ¿Et refereixes a aquella de la pista d'entrenament individual? — preguntà Butxana.

— Sí, sí, aquella — confirmà Trilita.

— És la nova companya de Toni — li vaig aclarir.

— Sí? — féu Trilita, envermellint —. No està malament, tu. Hi ha que veure com s'aguanta la dona. És molt fotogènica — esbufegà —. Hòstia, no sabia que t'agradaven tan madures.

El somriure de Butxana relaxà Trilita, que preferí a partir d'eixe moment callar i beure's el meu Martini. Carlota i els nóvios vingueren a la terrassa. Totes les taules estaven ocupades i Butxana els indicà la nostra. Aleshores, Carlota Max procedí amb les presentacions.

— Hèctor Barrera, periodista del diari *El Camí*; i el senyor... — vacil·là mirant Toni.

— Toni Butxana — es presentà ell mateix —, professor de tennis.

Trilita esclatà en una rialla i s'escampà una mica de Martini per damunt dels pantalons.

— El fotògraf ja el coneixen — digué Carlota passant per alt Trilita —. Ells són Mari Carmen Montagud i Carlos Olite.

— Tant de gust — contestàrem nosaltres, i ens alçàrem cedint-los les cadires restants.

— Jo me'n vaig, Barrera — s'excusà Trilita —. He de cobrir una informació a l'aeroport. ¿Tens cotxe per a tornar?

— Sí, em durà Toni.

— Adéu, i que la boda siga un èxit — s'acomiadà Trilita amb un notori descony interior.

— Muchas gracias — corresponguè Carlos Olite.

— Fa un dia preciós, no? — exclamà Carlota, a fi de provocar la conversa.

Per sort vingué el cambrer i l'incís em permeté fixar-me en les cames de Mari Carmen. S'havia assegut enfront meu, amb una cama damunt de l'altra i la faldilla prou més amunt del genoll, incitant-me la mirada. Amb esguard expectant, el nóvio vigilava la meua mal dissimulada insídia. Butxana s'adonà de la situació i decidí participar.

— Jo a tu et conec d'alguna cosa i no recorde de què — li espetà al nóvio.

— Vengo bastante por aquí. O tal vez nos hayamos visto en algun circuito. Soy piloto de coches.

— O en alguna festa social, vés a saber — rigué Butxana.

— Tal vez — corroborà Carlos.

— Potser a tu t'interesse la festa benèfica d'aquesta nit — em digué Carlota —. Es celebra la gala anual de la Unicef.

— ¿No s'havia suspés? — inquirí Mari Carmen.

— Sí, però han decidit tirar-la endavant i convertir-la en un homenatge a don Bernat Ros.

— En ese caso no podemos fallar, cariño.

— Si es tracta d'un homenatge hi hem d'anar. ¿No trobes, Barrera? — em va preguntar Butxana.

— Bo, jo...

— Barrera no té costum d'anar a certs llocs — comentà Carlota amb malícia.

— És una gala molt humana — em persuadí Mari Carmen.

El nóvio es remogué inquiet a la cadira.

— Bueno, tampoco hay que obligar a la gente.

— És una qüestió de timidesa — tercejà Butxana mirant-me; i mirant el nóvio —: Le cuesta enchegar, ¿sabes?

— No tinc esmòquing — vaig insistir.

— A mi em sobren trages. Que no se'n parle més — tallà Butxana.

— D'acord, hi aniré.

Toni s'alçà de la taula i digué que se'ns feia tard. Li vaig donar la raó, potser incomodat per les mirades inquisitives de l'intrèpid pilot.

— Ens veurem a la nit, supose — vaig dir.

— Ja ho crec — contestà Carlota, divertida —. Tinc interés per veure't vestit elegantment.

— ¿No voleu dinar amb nosaltres? — digué Mari Carmen.

— Ho lamente, però hem de parlar de negocis — s'apressà Butxana.

— Los negocios es lo más importante — es mostrà d'acord Carlos.

— ¿On es celebra la gala? — vaig preguntar.

— A la llotja — m'informà Carlota.

—Ens trobarem a la barra del bar—Butxana clausurà l'encontre amb un comiat i una cita.

—¿Què fem ara?—vaig dir, mentre baixàvem les escales.

—Jo tenia la intenció de convidar-te a dinar ací al club, però t'has posat tan insistent amb les miradetes...

—A ella li agrada seguir el joc.

—Però a Carlitos no.

—¿En té l'exclusiva?

—Teòricament sí, però la veritat és que una dona com ella hauria de ser patrimoni popular. ¿Què t'abelleix dinar?

—Un bon plat de fesols i una botella de vi negre.

—I de postre un rebentat de Soberano.

—O dos.

—De conya. Després visitarem Colometa. Està en observació al Clínic. He promés dur-li un grapat de Pumbys i de Mortadelos; entre dos clarors s'allargarem a Las Delicias.

—Com tu vulgues. Anem.

—Un moment, li dic adéu a Maite.

Vaig fumar-me un cigarret i vaig observar la silueta de les tennistes més joves, movent-se gràcils en la brisa de les darreres hores del migdia. El club tenia ara una bona animació. El saló de té era ple d'homes en el vermut abans del dinar; a la terrassa i a l'interior del restaurant els cambrers començaven a servir els menús, mentre algunes parelletes passejaven en barca i empleats del club habilitaven una sala de joc a sota de la terrassa del restaurant per procurar una vesprada més distreta.

Tenia la sensació de trobar-me al refugi d'un món inserit en un altre planeta.

VIII

El bar tenia aquell aire familiar dels bars de barriada. Es deia Buenos Aires i era un local reduït, amb un taulell alt de fusta i uns quants tonells de vi darrere. El menú era invariable segons el dia de la setmana, però l'amistat de Butxana amb la cuinera va possibilitar una petita transgressió: un potatge de cigrons exquisit, carn, dos ous deixats caure, creïlles fregides, flam de la casa i un excel·lent vi criat al celler del bar.

La dona s'havia excedit de tal manera en les atencions que a penes podíem moure'ns del seient de farts com estàvem. Ella mateixa es va ocupar de preparar un café casolà, bullit en perol i mesclat amb un conyac originari d'un poble de la Ribera.

Intentant rebaixar la panxada acordàrem prolongar la sobretaula fent petar la conversa amb un parell de fàries i el regust inigualable del rebentat domèstic. El Buenos Aires s'havia quedat buit, els amos havien baixat les persianes metàl·liques fins més avall de la meitat de la porta i es disposaven a dinar.

— Són gent molt agradable — diguí jo, agraït per l'àpat —. I es veu que t'aprecien.

— Una vegada els vaig fer un favor i a pesar que me'l pagaren molt bé mai ho han oblidat.

— ¿Tingueren algun problema?

— Fa vuit o nou anys tenien la filla a Barcelona. Era

una bona xicota que estudiava i treia la carrera amb bones notes fins que s'enamorà d'un guaperes i per ell ho abandonà tot. La pobra mare acudí a mi desesperada. Només tenia eixa filla i feien un gran sacrifici econòmic per tal que fos una bona metgessa.

— L'estimava bojament.

— La xicota sí, però ell era un monyicot barceloní que feia el que volia d'ella. Estava perdent el temps inútilment, però com que l'amor imbecil·litza no se n'adonava. Tot això els costava als pares els diners i la salut. Va perdre un curs. Ara és una magnífica otorrino i viu ací.

— La vas convéncer.

— En realitat el vaig convéncer a ell. Em vaig fer passar pel germà de la xicota i li vaig dir que la deixés en pau o no responia dels excessos del meu caràcter.

— Li devies posar molt mala cara.

— És que li vaig ficar el canó de la pistola a la bragueta. No falla: si els apuntes a un dit no es preocupen perquè encara en tenen nou més, però a un guaperes i a l'entrecuix, la cosa és inapel·lable.

— ¿Encara tens llicència d'armes?

— No. Me la va retirar Garcia. Tant fa, no la necessite.

— ¿La pistola?

— La llicència.

— Infeliç de Garcia, l'han enviat a Logronyo.

— L'haurien d'haver enviat més lluny, perquè el seguit de burrades que va fer en l'última etapa quasi acaba amb l'economia local. ¿Recordes el cas de la falsificació de xecs de viatges i euroxecs?

— ¿La banda dels sudaques?

— Exacte. Van fer un forat de més de vuit mil milions de pessetes sense que el Grup de Delinqüència Internacional de la Xefatura poguera atrapar-los. Al front del grup estava Rafael Planelles, amic íntim del nostre comú amic Tordera, ara mateix comissari en cap gràcies a la defenestració de Garcia. Collonut, no? Entre els dos li han fet el llit. D'ací uns mesos Tordera ascendirà Planelles i favor pagat.

— No havia caigut en això, jo.

— És clar que no. Jo ho sé perquè a la urbanització de Maite viuen personatges influents i corregué el rumor que els banquers havien exigit la dimissió de Garcia.

— Només fa dues setmanes que se n'ha anat, i del cas dels euroxecs ja fa mesos.

— Quatre mesos feia que Garcia estava separat del càrrec, fins que han trobat un lloc on posar-lo. Casualment, als pocs dies de rellevar-lo caigué la banda. Compte amb el Tordera, que posa cara d'idiota però sap on té la mà dreta.

— El preferesc a Garcia.

— Jo també. Amb Garcia no sabies qui tenies al davant. Era imprevisible; en canvi amb Tordera la relació és més senzilla. Mentre no li entrebanques la cursa professional no tindràs cap problema. Tordera és intel·ligent perquè és corrompible. Sap que té un preu i al servei de qui està.

Vaig mirar el rellotge.

— ¿Portes la foto del xofer de Ros?

—A la jaqueta—contestà Butxana. Va escurar el rebentat—. Tenim una hora per poder veure Colometa. A les cinc s'acaben les visites.

Tot just comprovaren que ens n'anàvem, els amos del bar interromperen el seu dinar i vingueren a la nostra taula.

—¿Han menjat a gust?—s'interessà la dona, francament preocupada.

—Com un bisbe—complimentà Butxana palpantse l'estómac—. Vindria més sovint, però he de cuidarme la línia.

—Vostés, els joves, es preocupen massa per l'estètica—digué l'amo, que amb el seu aspecte feia una propaganda immillorable del local.

—Ja no som tan joves—es lamentà Butxana. Encaixà amb l'home i besà la dona—. Doneu-li records a la doctora.

—De part seua—s'acomiadà amablement el matrimoni.

Feia una tarda somorta, al carrer. Bufava una mica de vent fresc, però l'escalfor del potatge ens protegia contra la humitat que prendria cos al llarg de la resta del dia.

Dos joves enraonaven reclinats sobre la porta del conductor del cotxe de Butxana. Duien ulleres de sol, malgrat la grisor de la tarda, i quan vaig desconfiar del seu comport ja era massa tard: un d'ells ja havia posat el canó d'una pistola al fetge de Toni. L'altre va donar la volta al cotxe i vingué per mi. Vaig dubtar entre fer-li front o escapar corrent; la situació de Butxana i la feixuguesa del potatge m'aconsellaren restar quiet, però.

— ¿Hèctor Barrera? — preguntà el jove, un pèl neguitós.

— Jo mateix — vaig dir, conscient que era inútil negar-ho. Vaig fer una última pipada al fàrias.

Un Golf Gti posà el motor en marxa i s'estacionà al nostre costat.

— Puja — m'exigí el jove.

Vaig pujar a la part de darrere, acompanyat de Butxana i l'individu de la pistola. El que havia parlat amb mi s'assegué davant, de copilot. El Golf isqué de forma tranquil·la sense que cap dels veïns del barri que passaven en eixe moment per allí observés alguna anormalitat. Ens col·locaren unes ulleres opaques i ens envoltà la foscor més absoluta.

— Si feu bondat no us passarà res — ens advertí el que anava davant —. Volem parlar amb tu, Barrera.

— Jo tinc un horari.

— Si t'ho agafes amb humor serà més fàcil per a tots. No tenim intenció de fer-te mal.

— Doncs no sé a tomb de què ve el numeret de la pistola i les ulleres, si la cosa és tan amical. ¿Qui sou?

— Som de Terra Lliure.

— Vaja, home — esbufegà Butxana —. Faltàveu vosaltres!

— Potser als desclassats com tu els molesta la nostra presència.

— La veritat és que la vostra presència incomoda tot déu — vaig afegir jo.

— Però de vegades sembla que és oportuna. Per al teu diari, per exemple.

— No sé que vols dir-me.

— T'ho aclarirem de seguida.

El soroll de cotxes al voltant ens indicava que encara érem a la ciutat. Vaig notar que el Golf augmentava la velocitat fins que ens va aturar en sec el semàfor d'una avinguda, que vaig identificar per la publicitat que bramaven els altaveus exteriors d'un popular magatzem. Estàvem prop de l'eixida de la ciutat que empalma amb la carretera d'Ademús. Enfilàrem la carretera i al cap de cinc minuts, si fa no fa, el Golf va alentir la marxa, endinsant-se per un caminal d'asfalt inestable. El conductor aturà el motor, ens ajudaren a baixar i ens menaren a l'interior d'una casa. Ens assegueren en unes cadires i ens tragueren les ulleres. Quatre encaputxats s'havien plantat davant de nosaltres.

— Podeu fumar — digué el que estava més avançat.

Tenia una veu que el diferenciava dels altres tres per l'edat. Era un home de cames llargues, prim com una canya. Vaig posar-me un cigarret a la boca i ell mateix em donà foc.

— Lamente la forma en què hem hagut de portar-te — em digué, guardant-se la mistera a la butxaca.

— ¿Qui ets tu, el departament de relacions públiques?

— Tant fa qui siga. Un malentés ens ha reunit, i tots dos podem aprofitar-lo.

— Ja, un malentés.

— El teu diari afirma que nosaltres hem segrestat

Bernat Ros. És per això que t'hem retingut, per explicar-te que Terra Lliure no té res a veure.

– M'ho podíeu haver dit per telèfon.

– Si t'haguéssem trucat potser ens hauries fet cas, però la policia i la família no. Pensem que hi ha molts interessos per encolomar-nos el segrest a nosaltres.

– En definitiva, vosaltres mai hauríeu segrestat un home com Ros.

– No. Per la senzilla raó que és un industrial que està passant moltes dificultats econòmiques.

– És difícil d'empassar-se això.

– Tenim proves. Com ho hem esbrinat és assumpte nostre.

– ¿Així que hi ha interessos en la família i la policia per acusar-vos? – vaig preguntar.

– És una suposició fonamentada en la situació econòmica delicada del hòlding. Una part de les empreses estan necessitades de diners frescs, diners que potser vindrien dels negocis amb el portaveu de la família, l'advocat Lluís Ribes.

– De l'empresa Bloking – vaig dir jo.

– Empresa que durant un temps va ser la tapadora de l'autèntic negoci de venda i tràfic d'armes.

– Resulta curiós que sapigueu tant.

– També nosaltres comprem armes. De vegades no tenim més remei que acudir a mercenaris del mercat negre, gent amb pocs escrúpols a l'hora de negociar amb uns o amb altres. Algunes de les armes que els intermediaris de Ribes venien han servit per a nosaltres, Eta i l'Exèrcit Republicà Irlandés, però sobretot per als croates iugoslaus i per a moviments nacionals d'extrema dreta. Hi hagué un moment que els diners del tràfic d'armes superaven de tal manera els ingressos de Bloking que ja no fou possible ocultar-los en la comptabilitat de l'empresa.

— Tot això és una hipòtesi.

— Però a tenir en compte.

— ¿I la policia?

— Té interés a desprestigiar-nos davant dels sindicats. Com tu saps, Ros és un empresari desgraciadament popular entre els treballadors; un industrial ben mirat per la social-democràcia governant que ha empeltat de simpatia els treballadors afiliats als sindicats grocs. Ens movem en el terreny de les suposicions, però hi ha la possibilitat que es desfacen de Ros i ens ho atribuesquen a nosaltres.

— I en previsió d'això voleu que jo desmentesca la reivindicació.

— Sí, però de forma convincent. Prepararem una escenografia que no deixarà lloc a dubtes.

— ¿I si em negue que m'utilitzeu?

— No sigues ridícul, tu i tots els periodistes esteu sent utilitzats per un sistema que és una farsa. Insistesc que del malentés ens aprofitarem tots dos. En compensació per les molèsties ocasionades et farem entrega d'una llista d'empreses contra les quals pretenem atemptar, enemigues com són dels interessos del poble treballador català. Podràs publicar-ho en exclusiva i al mateix temps avisarem els ciutadans que és perillós comprar segons en quins establiments.

— I si els ciutadans s'entesten a comprar en segons quins llocs, l'organització ho sentirà molt però corren el perill que els rebente una bomba prop de la cara.

— Això és demagògia. Nosaltres no atemptem conscientment contra els ciutadans, i quan hi ha hagut un error ha estat un fet lamentable. En tota lluita d'alliberament nacional succeeixen accidents, i et recorde que companys nostres han perdut la vida a mans de la policia i dels nostres propis errors. El nostre objectiu no és fàcil d'assolir, però res ni ningú ens aturarà fins a la victòria final.

No parlarien tan segurs si no foren tan necis, vaig pensar mirant els monyicots que eren darrere d'ell. L'edat que devien tenir era un misteri, tan sols comparable a la inconsciència i a la candidesa dels seus plantejaments.

Penjaren dues senyeres estelades a la paret i portaren una taula i una cadira en un lloc de la casona ben il·luminada per la claror de la tarda. Vaig seure, i darrere meu se situaren dos encaputxats amb una metralladora cada un. Amb una càmera polaroid feren unes quantes fotografies. Me n'entregaren dues i ells es quedaren les restants. Tot seguit el portaveu de l'organització m'allargà un full amb els establiments i empreses que podien ser objecte d'atemptats. La majoria eren de capital francés, i destacaven dos hipermercats per l'afluència massiva de compradors.

— Dos d'aquests llocs registren molta gent en hores punta — vaig observar.

— Avisarem amb antelació.

Al portaveu no li venia de gust polemitzar, estava més acostumat a una altra mena de dialèctica. Vaig doblar el paper i me'l vaig guardar a la butxaca. Els encaputxats van despenjar les banderes i se n'isqueren. Abans, però, ens posaren les ulleres opaques.

— Un cotxe us deixarà a la carretera, prop d'una gasolinera. A partir de demà estarem atents a les notícies del teu diari. Passeu-ho bé.

Vam sentir el soroll d'un motor en marxa i ens van conduir fins a l'interior d'un cotxe. Per espai de quinze minuts van estar donant voltes per caminals amb la intenció de desorientar-nos. Finalment es van aturar i ens tragueren fora del vehicle.

— Compteu fins a trenta — advertí una veu.

No vam comptar. Deixàrem passar uns moments i llançàrem les ulleres a un camp de pastanagues que era a la vora del caminal. Enfront de nosaltres, a uns cent metres, estava la carretera d'Ademús.

— ¿Què cony vol aquesta colla? — féu Butxana, emprenyat.

— La unificació i la independència de la nació catalana.

— ¿Catalana? Mira, Barrera, amb els catalans no aniríem enlloc. Ens farien treballar.

També Butxana tenia les seues teories nacionals. Quan ú es veu encalçat per la inseguretat de la vida desenvolupa una mena de praxi original. Fet i fet es tractava d'un desclassat.

Caminàrem fins a la gasolinera; dos estudiants de la Facultat de Ciències de Burjassot ens transportaren fins al centre de la ciutat. A pesar de la brevetat del trajecte els dos joves tingueren temps d'exposar-nos la problemàtica estudiantil. Una vegada al centre, Butxana marxà al clínic i jo em vaig dirigir cap a la redacció; després vindria a replegar-me amb el seu cotxe, aparcat davant del bar Buenos Aires. No volia perdre'm l'homenatge de la Unicef a Bernat Ros.

Vaig parar un taxi. La circulació quasi col·lapsada del centre retardà mitja hora la meua entrada al diari. Quan hi vaig arribar la redacció estava en ple festival frenètic. El Noi anava de bòlit intentant tancar la plana de fets diversos.

– ¿Alguna notícia sobre l'industrial?

– Acabo d'entregar la plana, Barrera.

– Déu, ¿ja l'has donat?

– És clar que sí – es defensà el Noi –. Estic sol i a part del Ros he d'editar una plana de successos.

Li vaig llançar les fotos de Terra Lliure damunt la taula. Després d'examinar-les es va quedar mirant-me, embadalit.

– ¿Què és això?

– El desmentit de Terra Lliure.

– La mare que els va cagar! – exclamà.

Comprenia perfectament el seu cabreig. Confeccionada i entregada la plana del segrest, el desmentit significava refer-ho tot de nou. No sols eixa plana sinó també part de la portada. Es va fregar el tos amb insistència.

– Ho lamente, Noi.

– Parla tu amb els maquetadors. No tinc ganes de discutir.

La papereta fou tan complicada com era previsible. En un rampell de raonable empipada, els maquetadors es van negar a introduir qualsevol canvi en aquelles planes que ja estaven dissenyades. Després de deu minuts de discussions estèrils, la intervenció del redactor en cap calmà els ànims: una breu anàlisi del conflicte va mostrar que en realitat no calia fer tants canvis si col·locàvem la nova informació com a última notícia, atés que cap mitjà informatiu no tenia accés al desmentit. Així doncs, reservàrem un petit buit en portada i una ressenya ampliada a la penúltima plana, que encara s'estava confeccionant. Eren nervis habituals del gremi en hores punta.

— El director vol parlar amb tu, Barrera — em va comunicar el redactor en cap.

— I jo amb ell. Explique les novetats al Noi i vaig al despatx.

Per evitar que el Noi se m'amotinés vaig haver d'imposar la meua condició de cap de secció.

— Quan s'acabe el segrest tindràs un dia lliure.

— Si no és un divendres no trago — contraproposà.

— Divendres, d'acord.

Vaig pujar fins a la tercera planta. Per les escales em vaig creuar amb el xicot de pràctiques de la secció d'esports. Venia de l'arxiu fotogràfic amb unes fotos de Tonino Bru alçant els braços sobre un adversari noquejat. Malgrat el refús de la direcció del diari a publicar notícies sobre el món de la boxa, el clamor popular que envoltava el combat de Tonino pel títol europeu dels pesos pesants els obligava a fer una excepció, per prevenir un possible èxit del boxejador i la conseqüent rebuda triomfal per part de les instàncies oficials esportives. Al diari hi havia dues classes de notícies: les normals i les que feien augmentar les vendes. Tonino Bru no encaixava en cap de les dues, però potser podia ajudar en la segona si hi havia un colp de sort.

A petició de la secretària del director vaig esperar en l'antesala fins que pogué confirmar per l'intèrfon la meua cita. M'obrí la porta del despatx.

– Passa, passa, Barrera.

El director em va rebre amb gestos afables. Reunit amb ell estaven el conseller delegat i el senyor Martorell, que feia les funcions de president del Consell Assessor del diari.

– Volíem consultar-te una proposta que ens ha traslladat el senyor Martorell – digué el director –. Seu, per favor.

Vaig agafar cadira entre el conseller delegat i el president dels assessors.

– Vosaltres direu.

El director reprengué la paraula.

– Hem pensat que el diari podria promoure un homenatge a ton pare. Seria un acte senzill però emotiu per a una persona que ha dedicat més de trenta anys a l'empresa. Sabem en quin estat de salut es troba i voldríem en aquestes hores amargues estar al seu costat.

– No sé... – vaig dir jo –. Ja sabeu el caràcter que té. No és massa partidari d'aquesta mena d'actes.

– Sabem com és. Per això faríem un acte íntim – digué el senyor Martorell –. A casa d'ell, junt amb alguns dels seus companys de taller i el director en representació de l'empresa.

— Li lliuraríem una placa i estaríem unes hores amb ell — afegí el conseller delegat.

— ¿Què et sembla? — em preguntà el director.

— Doncs... no sé — vaig contestar, jugant amb unes invitacions a l'acte de la Unicef que hi havien a la taula —. Supose que l'última paraula la té ell.

— Tu podries parlar-li — em va suggerir el conseller delegat.

— Està bé. Si ho voleu així tractaré de convence'l, però no vos assegure res.

— Quedem a l'espera, doncs — resumí el director —. Cap novetat de Ros, no?

— Sí, hi ha un petit canvi: Terra Lliure ha desmentit la reivindicació que havien fet en nom d'ells — els vaig mostrar una foto —. M'han retingut per donar veracitat al desmentit.

— Ho desmentirem però no cal publicar la foto.

— També hi ha una altra cosa — vaig extraure el paper de la butxaca, el vaig desplegar i li'l vaig allargar al director —. És una llista d'empreses. Terra Lliure té intenció d'atemptar contra elles.

Tots tres pararen esment en la llista. El conseller delegat i el director s'intercanviaren una mirada. El senyor Martorell s'encengué un cigarret i féu la cadira enrere.

— La publicarem demà — vaig dir —. No m'han dit quan començaran la campanya i hem de previndre la gent i les empreses.

— Si donàrem crèdit a totes les amenaces de les bandes terroristes no hi hauria prou espai als diaris — féu el director.

— Escolta'm — vaig respondre —, la llista no és tan exhaustiva com perquè ens lleve molt d'espai. En segon lloc tenim l'obligació moral de posar-ho en coneixement dels lectors; i no cal oblidar, per últim, que és una primícia informativa important. Crec que hi ha suficients raons de pes per publicar-la.

— Em negue a publicar la llista! — saltà el conseller delegat.

Jo no sé si en realitat allò que pretenia el conseller era traure responsabilitats al director. En tot cas no entenia que se sobresaltés d'aquella manera.

— No ets tu el més indicat per oposar-te — li vaig recriminar.

— La llista ens afecta a tots, Barrera — intervingué el senyor Martorell en un to més tranquil però persuasiu.

— Ens afecta a tots des del punt de vista informatiu - vaig replicar —. Som els únics que la podem fer conéixer.

— Li la passaré a la policia — resolgué el director.

— ¿Em prens per un imbècil o què? — vaig alçar-me de la cadira —. No cal dur-la a la policia. Si demà la publiquem ja se n'assabentaran. Si vols quedar bé amb ells els envies la llista a última hora, però demà la traus.

Un petit silenci va demostrar-me que no disposaven d'arguments. Aleshores, el director premé una tecla de l'intèrfon i demanà a la secretària que fes venir el cap de la secció de publicitat. El senyor Martorell em féu un senyal per tal que tornés a seure. Instants després la secretària obrí la porta del despatx i entrà un xicot vestit amb un trage d'aquells de jaqueta creuada. El director li donà la llista.

– Per favor, Manel, ¿series tan amable de posar a cadascuna d'aquestes empreses la quantitat que inverteixen en publicitat al diari?

– Hauria de consultar el fitxer.

– Aproximadament...

El xicot començà a anotar amb un bolígraf les quantitats requerides. Per la meua banda ja havia entés l'argument que de forma incontestable m'esgrimirien. Vaig ser a un pèl de marxar i només l'actitud apaivagadora de Martorell em retingué al seient. Tot just el cap de publicitat retornà la llista se n'isqué del despatx. El director sumà les xifres i digué:

– De les vint-i-vuit empreses que composen la llista, quinze s'anuncien al diari deixant uns ingressos de vuitanta milions de pessetes anuals. Amb la mà al cor, Barrera, ¿quina creus que seria la reacció d'aquests clients si es veuen el nom en una llista d'aquestes característiques? Jo t'ho diré: retirarien la publicitat i la collocarien en altres mitjans de comunicació.

– Jo sóc un periodista, no un comptable.

– Tu ets un periodista que treballa en una empresa que no podria funcionar sense els ingressos de la publicitat – refutà el conseller delegat.

– Tenim cent-quaranta treballadors, Barrera – tercejà el senyor Martorell –. Un centenar llarg de famílies que viuen del funcionament econòmic del diari. ¿Vols carregar amb la responsabilitat d'engegar-ho tot a la merda?

– I vosaltres ¿voleu carregar amb la responsabilitat d'encobrir activitats criminals?

– Advertirem les empreses i la policia. La nostra missió acaba ací. No podem fer-hi res més – s'excusà el director.

– Ni la policia ni les empreses avisaran la gent del perill que corren.

– El que pretenen els terroristes es que participem en el pànic que volen crear – adduí el conseller delegat.

– Ací no hi ha més pànic que el que teniu vosaltres per si el compte de beneficis no quadra.

– No te toleraré certes impertinències! – cridà el director.

Em vaig alçar de forma tan violenta que la cadira va anar al terra.

– Ben mirat, hi ha una manera d'homenatjar mon pare: deixeu de fer el mamó.

– No et tinc en compte les paraules perquè sé que estàs nerviós – contestà el director.

– T'ho tornaré a repetir: sou una colla de cínics. ¿A tomb de què ve l'homenatge, si durant trenta anys vos causà un grapat de problemes sindicals?

– Nosaltres sabem perdonar – digué el conseller delegat.

– ¿Perdonar? – a penes vaig poder contenir-me, encarat al conseller –. Què cony has de perdonar, tu!

– Barrera, raona com cal! – m'advertí el director.

—Bona part dels trenta anys deixant-se la salut com un gilipolles en les màquines d'un taller sense condicions higièniques, i tu parles de perdonar. Em pregunte com hauríeu descarregat la mala consciència si no hagués contret una malaltia irreversible.

—L'empresa ha tingut un comportament exemplar amb ton pare — va dir el director.

—És clar, si no vos en desféreu és perquè havíeu de preservar els models d'empresa progressista. Vos l'hauríeu carregat a gust, a ell i tots els que, com ell, no van tragar quan vos posàreu els sindicats a la butxaca. Però hauria sigut una acció impresentable per part d'un diari d'esquerres. Vau preferir la subtilesa d'arraconar-lo els darrers anys, fins que la inèrcia dels esdeveniments acabà per descoratjar-lo. De tot això en dieu un comportament exemplar, la caritat d'assegurar-li l'almoina fins a la jubilació. Poseu-vos l'homenatge per on vos càpiga!

Me'n vaig anar sense endreçar la cadira. Vaig tancar la porta d'una forta revolada i vaig encendre un cigarret sota la mirada expedita de la secretària. Abans d'arribar a l'escala vaig sentir la veu de Martorell.

— Espera un moment, Barrera.

Vaig sospirar recolzant-me en la barana.

— Què vols.

— Recordar-te que tot el que he fet per tu ho he fet pensant en ton pare.

— Doncs moltes gràcies.

— Però se m'acaba la paciència. Aquesta serà la tercera vegada que intercediré per tu perquè no et tiren del diari.

– Per mi pots estalviar-te l'esforç. Estic fins als ous de treballar per a progres.

– Molt bonic. ¿A on aniràs a treballar? ¿Creus que hi ha algun mitjà de comunicació on podries encaixar? En un altre lloc no duraries un mes.

– En un altre diari callaria perquè sabria quin percal venen. En canvi ací creus que pots treballar sense entrebancs fins que toques un tema una mica delicat: Només hi ha una diferència de formes, però en absolut de fons.

– No sé si ets un idealista o un punyeter.

– Mentre ho esbrines ajudaré el Noi a editar la plana.

– Barrera...

Martorell s'entestava en una discusió estèril només per convence's de la validesa d'uns arguments que uns anys enrere li haurien semblat absurds. No podia reprotxar-li-ho a fons, però, perquè ni jo mateix estava segur dels valors dels meus esquemes. Arribats a un punt els interessos i l'ètica ensopegaven frontalment; ho sabia per pròpia experiència però em negava a admetre-ho, conscient que si era capaç d'exigir impossibles no goșarien negar-me allò que en circumstàncies normals era factible. Enfrontar-se a la direcció era un exercici tàctic que empràvem alguns com l'arma més eficient que es podia llançar contra un estaf direccional criat en la reserva espiritual del maig del 68. M'agradava puntualitzar, d'altra banda, que les ideologies corrompien el poder; l'efecte assolador de les persones tot just s'instal·laven en qualsevol lloc de domini, per mesquí que fos. Tot això em refermava en la idea que l'estat natural dels humans és la corrupció. No ho lamentava; ben al contrari, la imperfecció de l'espècie humana em relaxava de les meues pròpies responsabilitats.

Amb la plana confeccionada entre mans, el Noi aguantava els improperis corporatius dels maquetadors, desitjosos d'endossar a algú el revés propiciat pel desmentit de Terra Lliure. El Noi tornà a la taula renegant a mitja veu:

– No hi ha feina més encabronada que acarar-se amb aquella colla de desaprensius!

– Deixa-ho, home. Ha entrat tot, no?

– Amb sufocos, però ha entrat.

– Doncs ja va bé. Escolta'm, vull que demà al matí, abans de vindre a la redacció, parles amb la paisana teua que és cap de valors del Central.

– ¿Núria?

– Això és. Mira si es pot informar dels moviments de capital que hi ha hagut a les empreses de Ros els últims trenta dies.

– ¿Tu saps si Bernat Ros treballa amb el Central?

– No, però en cas contrari Núria pot parlar amb col·legues d'altres bancs. És una informació confidencial però segur que te la facilitarà. També m'interessa que passes pel registre de la propietat i t'enteres d'on són la majoria de solars de l'industrial.

– Potser a l'ajuntament m'informaria millor. Gran part dels solars que va comprar són urbans, i tindré menys problemes a l'hora de comprovar-ho. Hi conec un arquitecte municipal.

– Fes-t'ho com vulgues, però necessite que m'informes.

– A primera hora del matí seré allí. ¿Alguna cosa més?

– No res, fes bondat i no et gites tard.

– Fumut ho tenim; Trilita i jo continuem amb l'apassionat idil·li entre mans.

– Que ho disfruteu amb salut.

– I tu que ho veges. Fins demà.

La redacció s'havia quedat gairebé buida. Tan sols el fum del tabac que impregnava l'estança i la paperassa escampada per les taules restaven com a petjades del tràfec rutinari d'un dia de treball. Els maquetadors s'apressaven a enllestir els darrers retocs i el redactor de tancament prenia possessió d'uns dominis informatius que a partir d'ara quedaven a mercé d'ell. Vaig endreçar sense massa polidesa la taula i després vaig eixir al carrer.

El bar Rambo era ple de gom a gom d'un veïnat en feines de comunicació social i periodistes que ni davant d'unes copes aconseguien desconnectar-se de la histèria quotidiana.

Toni Butxana era al taulell, imantat pel poder infectant de la ginebra de garrafa de Rambo. Cada vegada que l'amo descobria un client nou aprofitava per disminuir les existències del magatzem, ben aprovisionades des dels temps que el paladar general de la redacció era invulnerable a les lesions etíliques.

– Des que era un xiquet que no havia provat un gin-tònic com aquest – s'estremí Butxana.

— ¿Oi que notes com una cursa de gats hidrofòbics per la gola?

— Déu, sí que ho entens!

— Ja va pels deu anys que conec Rambo.

— ¿I encara véns?

— És com una revisió mèdica, si ho resisteixes és que estàs saníssim —. Vaig cridar Rambo: — Una copa de conyac. Canvia de coctelera, per favor.

— Està bé — grunyí Rambo, indiferent a la meua pregària.

— ¿Ja no teniu el negre que tocava el saxo a la porta de la redacció? — em demanà Butxana.

— Va trobar feina d'assessor musical a la Conselleria de Cultura.

Rambo féu lliscar la copa al llarg de la barra i pel trajecte es perdé la meitat del líquid; això no em va amoïnar en absolut. Me'l vaig empassar tot d'una; li vaig llençar una moneda de quaranta duros a l'enregistradora davant la discreta mirada d'estranyesa de l'amo del bar, disconforme amb el pagament de les dues consumicions.

— Si m'encenguera un cigarret m'eixiria una flamarada per la boca — comentà Butxana en abandonar el local.

La velocitat i les dimensions del seu R-5 turbo permetien ràpids desplaçaments per la ciutat. Butxana fintava el trànsit de forma temerària.

— ¿Com està Colometa?

— Amb el cul com una dàlia però content d'haver batut el rècord — rigué Toni —. Tal com preveia, també ell ha reconegut el xofer de Ros. Diu que és una maricona habitual dels locals més morbosos. Té fama d'esplèndid i els xaperos se'l rifen.

— ¿Li canvia molt l'aspecte en la foto del diari?

— Prou. La perruca i les ulleres el fan notablement diferent. Però la ratificació de Colometa em confirma la indentitat. No hi ha cap dubte, és ell.

— Una dada curiosa: el xofer guardaespatlles de Ros és un homosexual.

— Si que és curiós. Mai no havia conegut un fatxenda picat de la flor.

— La força física és compatible amb tot. L'extraordinari Al Brown també ho era.

— ¿Panamà Al Brown? ¿El millor pes gall de la història era homosexual? Qui ho havia de dir!

— Atenuants de la sensibilitat creadora. No debades era un artista del ring. Amant de Jean Cocteau, per a més senyes.

— O siga, no pegava sinó que palpava.

— Posseïa un crochet de dreta terrorífic.

— Però el nostre Sangchilli el guanyà als punts.

— Val a dir que Al Brown era aleshores un veterà sifilític. Sangchilli era el pundonor; Al Brown la intel·ligència, la figura plàstica més bella de la boxa.

L'eixida de la carretera de Madrid tenia els dos carrils embussats de cotxes que marxaven a intervals. Butxana s'enrastellà pel marge fins deixar enrere el tap circulatori que havia produït un camió avariat.

— He estat pensant sobre Terra Lliure — féu, impassible als insults d'un conductor ofés.

— ¿Has tret alguna conclusió?

— El paio que anava al seient del copilot és un cambrer del Club Español de Tenis.

— ¿El que et va dir desclassat?

— El mateix.

— ¿Què faràs amb ell?

— Li retiraré les propines — digué mig en broma —. No sé què puc fer amb ell.

— Quan tornes pel club ja no serà allí. Una vegada es cremen, desapareixen.

— Treballava de feia poc. Si se'n va, millor, perquè si el torne a veure li partiré la cara. Dir-me desclassat a mi!

Va torçar a mà esquerra endinsant-se per sota d'un arc de maons típics que donava entrada a la urbanització. El vigilant reconegué el cotxe i saludà el nostre pas enlairant un braç amical. A banda i banda del carrer principal s'alçava a mitja altura una filera de bardissa amb arbres intercalats: ara un plataner, més enllà un salze i de tant en tant un pi mediterrani. La urbanització era sòbria en luxe però farcida de detalls que segellaven la diferència de viure en un indret peculiar.

Toni va parar l'R-5 davant la façana d'un xalet; una porta es va elevar amb parsimònia, accionada mecànicament des de l'interior del cotxe. Estacionà el vehicle al garatge, al costat d'un Ford Orion gris metal·litzat; bon punt baixàrem vingué a rebre'ns un pastor alemany, bon amic de Butxana.

— Hola, Martí.

El gos saltava i lladrava provocant un enrenou que

va cessar en descobrir la meua presència. Em va flairar els camals amb desfici, potser ensumant les petjades del seu company Paquito. Li vaig acaronar la testa i va marxar ràpid darrere Butxana, que em féu un senyal per tal que el seguís.

Travessàrem un jardí amb una piscina buida fins a la porta que franquejava la vivenda. Un minyó d'aspecte oriental ens esperava al llindar.

– Bona nit, senyor.

– Què hi ha, Xino – contestà Toni, i a continuació li va preguntar per l'ama.

– La senyora és al bany – informà l'oriental –. M'ha dit que s'arregle ràpid que han de sopar fora.

– Ja ho sé. Escolta, Xino, prepara-li un bany ací al senyor Barrera i li traus un trage, camisa, mitjons... en fi, me'l deixes fet un dandi.

– ¿Quin vestit, senyor?

– Elegant i d'un color discret – ordenà Butxana.

– Li'l portaré al bany de la primera planta.

– Ens farem una copa, mentrestant.

El filipí marxà solemnement; Toni, el gos i jo passàrem al saló. La casa era paraula major. Algú havia decorat els somnis de Butxana de forma enginyosa, servint-se de les possibilitats estètiques d'una economia sanejada. Cada espai de la casa estava orientat vers la il·luminació natural més adequada. La característica dominant del mobiliari era l'eclecticisme. Així, junt a una còmoda holandesa revestida de marqueteria hi havia unes columnes de ferro antiquat als racons, un silló Lluís XV d'esquena al finestral del jardí i una llibreria castellana amb tot d'enquadernacions clàssiques. Els sofàs del saló cercaven la comoditat que oferia una xemeneia generosament atiada per branques de taronger. El gos s'estirà en la catifa, prop del foc. Jo vaig seure al sofà mentre Butxana acostava el carro de les begudes.

– ¿Què et prepare?

– Després del Rambo qualsevol cosa serà una glòria.

Va servir una mica de brandy de marca anglesa. Ell es va mesurar de la mateixa botella i tots dos ens vam quedar mirant sense saber ben bé per què brindar.

– El senyor té el bany a punt – el filipí aparegué per un extrem del saló.

– Pel Xino – alçà la copa Butxana.

– Doncs pel Xino – vaig aprovar, i me l'empassí d'un colp.

El filipí pujà per una escala certament mosquejat. Es va aturar al replà, esperant-me. Em vaig reunir amb ell a la porta del lavabo. Em féu passar dins i em va assenyalar un timbre per si necessitava els seus serveis. No calia. Tot era allà: la roba, la tovallola i un bany de construcció circular quasi ple d'aigua.

– Gràcies, Xino – li vaig reconéixer la tasca –. Ets molt eficient.

Abans d'anar-se'n rondinà entre dents unes paraules en el seu idioma i jo vaig intuir que acabava de rememorar el meu entorn familiar. Decididament, el Xino era un susceptible.

Em vaig desempallegar de la roba com qui s'allibera d'un passat tenebrós i tot seguit em vaig capbussar a la rodona. Cansat i una mica anegat d'alcohol com em trobava, el bany va aconseguir esmorteir-me la fatiga a penes vaig notar el contacte de l'aigua. Vaig ensabonar-me el cos i després vaig romandre quiet una estona, amb la mirada cercant un punt indefinit entre les rajoles del sòl. En un prestatge de pedra unit a la rodona hi havia una revista *Mestresses*. Carlota Max entrevistava un empresari de Castelló famós per la porcellana que exportava. Unes pàgines més avant apareixien un grapat de fotos de Mario Conde en un poblet de la província de Burgos, abraonat a les banyes d'un cérvol acaçat davant l'entusiasme de la població rural. El finíssim cutis del caçador contrastava amb les cares brunes i solcades de la gent que l'envoltava. Somreien feliços, però, i el fet que un banquer pogués arribar a ser l'heroi d'una societat em va inquietar profundament. Vaig deixar de nou la revista al prestatge, oberta pels fulls on s'informava de l'accident del rei d'Espanya esquiant a Baqueira. Una baixa laboral important.

El vestit em queia que ni fet a mida; devia ser un trage d'abans d'engreixar-se Butxana. Siga com siga, vaig eixir del lavabo bastant més presentable de com hi havia entrat. Baix, al saló, Maite acariciava al gos, que s'havia ajocat prop d'ella, panxa enlaire. La dona es va alçar i m'oferí la mà, produint-se amb delicadesa.

– Toni m'ha dit que són amics des de la infància.

– Efectivament – vaig contestar escurant-me la gola.

– ¿Vol prendre alguna copa? Així l'esperarem mentre baixa.

— Un brandy, per favor.

Em serví de la mateixa botella de conyac que havia provat anteriorment. El seu comport tenia modals aristocràtics; sensual tot i els cinquanta anys, amb la figura modulada per la constant resistència al navegar del temps. Somreia sovint, i al fer-ho se li dilataven les pupil·les, amb uns ulls vius i indefinits, i els cabells rogencs amb matisos argentats.

— ¿Li agrada la casa?

— És extraordinària. Es nota que té un bon gust.

— La va decorar el meu marit. Era un gran aficionat al disseny. Vosté és periodista, no?

— I la millor esquerra del pes wèlter, a més a més — afegí Butxana anusant-se la corbata —. ¿Què, esteu tots dos a punt?

— Estàvem esperant-te, carinyo — Maite passà una mà pel pit de Butxana, allisant-li la camisa —. Estàs guapíssim.

Toni estirà els braços i li féu l'ullet.

— També tu estàs preciosa. Seràs la sensació de la gala — li retornà la gentilesa —. Bo, a complir amb la societat.

El filipí i el gos vingueren amb nosaltres fins al garatge. Maite va prevenir el majordom per tal que no abandonés la casa, ja que la minyona tenia el dia lliure. El Xino assentí i subjectà el pastor alemany, entestat a muntar al cotxe. Atés el caràcter social de la gala Butxana s'estimà més de viatjar amb el Ford Orion. El trajecte fins a la Llotja fou més tranquil, pel trànsit escàs d'entrada a la ciutat i per la presència de Maite, que imbuïa de placidesa l'ambient amb el seu parlar pausat. Durant el recorregut tinguérem temps d'explicar-li l'arrel de la nostra camaraderia, fonamentada en l'ofici que, similar d'alguna manera, ens agermanava contra la ingarantible vida urbana. Maite rigué de gust un parell d'anècdotes que va contar Butxana, relatades amb evocadora llunyania, parlant d'ell mateix com si hagués sigut un personatge la interpretació del qual hagués anat a càrrec d'una persona distinta. Es trobava en la pell d'un altre des de feia cinc mesos. Desconec si havia aconseguit la suplantació de papers, però ell n'estava convençut, com l'actor que per fi ha trobat el guió que l'encimbellarà.

Un passadís custodiat per un públic entusiasta menava els invitats a l'interior de la Llotja. La gent aplaudia els famosos de la jet-set local i multiplicava els aplaudiments quan albirava un militar d'uniforme, més ovacionat com més quincalla li penjava del pit. Per sort nosaltres vam passar desapercebuts perquè ens obrírem pas per un lateral, entre la multitud apilotada a l'escalinata del venerable recinte.

Així que t'hi endinsaves notaves que el medi estava empastifat de perfums francesos. Maite buscà recer en un rogle de conegudes mentre Butxana i jo preferírem confraternitzar amb els cambrers alleugerint-los la safata. Carlota Max xerrava animadament amb dos xicots amb pinta d'intel·lectuals orgànics; no em treia l'ull de damunt i li vaig somriure. Carlos Olite i Mari Carmen Montagud compartien copes amb una parella; els pares del pilot segons informació de Butxana. Estaven al saló de contractació, sota una faixa de poc més de mig metre on hi havia esculpides unes paraules referents al comerç de l'època de Pere Compte, arquitecte principal de la Llotja.

Estriant salutacions de gent desconeguda aplegàrem al jardí interior. Els polítics havien pres possessió del corral i tertuliaven el dry amb periodistes de la secció de societat i uns quants directors, entre ells el meu, molt aficionat al xafardeig parlamentari. Uns i altres saludaren amb afecte Lluís Ribes, l'advocat en funcions de portaveu de la família Ros, que va entrar al verger de la Llotja en companyia del bisbe de l'arxidiòcesi local i d'un militar d'alta graduació.

— Vaja, vaja, vaja... L'estranya parella en actitud filantròpica cap al tercer món — digué la veu aguda de l'ex-sots-comissari Tordera a les nostres espatlles. Acaronà la solapa de la meua jaqueta i xiulà —. ¿T'han fet gerent del diari, Barrera?

— No, però tinc entés que organitzes cursets per a trepes.

— La llengua ben esmolada, com sempre.

— I la ploma — bromejà Butxana —. Els periodistes són tinters perillosos.

— Jo pensava que el de la ploma esmolada eres tu. He sentit alguna campana al respecte.

— La gent és molt envejosa, Tordera — contestà Toni —. Segur que a tu, des que ets comissari, et miren de costat.

— Doncs sí, la veritat és que he de suportar algun guerxo mesquí.

– És el si dels triomfadors – que li venta Butxana –. ¿Ja tens despatx nou?

– A la vostra disposició.

– Per fi podré renovar-me la llicència.

– Tenia entés que treballaves per a les forces Armades – objectà Tordera amb malícia –. Per a les viudes de les forces Armades, més ben dit.

– Cert, comissari, però he d'estar previngut per si em transfereixen al servei civil.

– Quan arribe eixe dia ja en parlarem. Vinga, a sopar. A la taula i al llit al primer crit, ¿oi Butxana? Quin bandarra m'has eixit!

Tordera estava cordial. Es mostrava eufòric per l'ascens i empeltava a tothom la seua joia.

Dos presentadors s'enfilaren a l'entaulat bastit al fons del saló de les columnes. Ben engalanada, la presidenta local d'Unicef va convocar la concurrència a les taules. Els invitats s'assegueren i observaren un silenci que la presidenta aprofità per agrair a les autoritats – primer les militars, a continuació les eclesiàstiques i tot seguit les polítiques – la seua asistència en un acte tan humanitari com aquell. Tot seguit agafà el micròfon un dels presentadors i anuncià que en un recés del sopar se subhastarien quadres de Morea, Sanleón, Calduch, Pinazo i unes escultures de Sebastià Miralles, cedides expressament pels artistes per a tan benèfica gala.

Les taules eren circulars i amb coberts per a deu persones. Tordera lamentà no poder acompanyar-nos per la inel·ludible obligació de situar-se junt als poders fàctics. Encalçada pels dos intel·lectuals, Carlota Max ocupà una taula on seien Mari Carmen Montagud, el nóvio i els pares del nóvio. Butxana agafà Maite del braç i la menà al costat de Mari Carmen, però la canvià de lloc així que jo vaig arribar.

– Hola – la vaig saludar.

Ella somrigué sense parar esment en la llambregada temorenca del nóvio, inquiet per la meua proximitat. Semblava gaudir del neguit de Carlos Olite. I és que a les dones els agraden els homes desesperats; si no els troben, els fan.

– Vas molt elegant, Hèctor.

Pronuncià el meu nom com si ens tractàrem d'habitud. A Carlota Max no li passà per alt el detall, però ja estava prou atrafegada analitzant el moment pictòric amb els dos caps d'ala. Butxana conversava amb Maite, i Carlos Olite li explicava a son pare la propera cursa de bòlids, sense descuidar Mamen, que tenia empresonada per la mà. Una orquestra amenitzà la vetllada tot just els cambrers serviren el primer plat. Vaig aprofitar l'enrenou per, fent la cadira enrere, observar la posició de les cames de Mamen, enfundades en unes mitges negres de seda natural a sota d'un vestit de vellut verd obscur. Tenia un peu destalonat, jugant amb la sabata. Quan més la fitava més incomprensible se'm feia la relació que mantenia amb l'intrèpid pilot. Era com donar caviar a un nigerià.

– ¿Una mica de vi, Barrera? – tercejà Butxana, procurant refredar-me els pensaments.

Vaig dir que sí amb les celles mentre em posava un cigarret a la boca.

— Serà millor que no fumes — m'advertí Toni —. Amb eixes breves podries provocar una lipotímia general.

Vaig admetre la indicació, però disposar de les mans lliures em desficaciava. Les fineses inútils del sopar, d'altra banda, no aconseguien despertar-me l'apetit. Carlos menjava sense soltar la mà de la nóvia. Em vaig acostar a la taula i vaig fregar, amb summa delicadesa, el meu genoll amb el d'ella. Esbossà un somriure imperceptible per a la resta de comensals però no per a mi. Llavors vaig fer lliscar la mà per sota la taula fins a posar-li-la una mica més avall de la cuixa. El presentador va sol·licitar la compareixença del President de la Generalitat, acollida amb tímids aplaudiments. El President arquejà el coll i féu pujar a l'entaulat Lluís Ribes, que fou objecte d'una llarga ovació, en homenatge al segrestat. En nom de la família, i en el seu propi, l'advocat va agrair les mostres de solidaritat rebudes; acabà dient que havia acudit a la Gala només per donar les gràcies i tot seguit tornar al costat de la família de l'industrial, que ara passava per uns moments dramàtics. Gran part del públic aplaudí Ribes una estona posat dempeus, mentre el President, després d'abraçar-lo retenia el portaveu al seu costat. Pregant silenci, alçà la veu de forma enèrgica i digué:

— Estimados ciudadanos i ciudadanas, hoy es un día triste porque falta entre nosotros un hombre bueno e importante, un hombre que año tras año contribuyó con generosidad a las obras sociales de Unicef y que tienen secuestrado una pandilla de miserables terroristas (*grans aplaudiments*).

Sincerament motivat, Carlos Olite aplaudí amb frenesí l'oratòria de la, en la gala, tercera espasa fàctica de la Comunitat. Jo vaig pujar la mà amb lentitud i ella va separar les cames davant l'indescriptible bategar del meu cor, a punt d'esclatar.

— ... Nadie nos arrebatará este sistema de libertades que tanto sacrificio nos ha costado (*aplaudiments aïllats*). Ros és una persona bona — continuà el President, engegant una traducció simultània de collita pròpia —, un empresari model que...

Vaig arribar al fullatge espés del pubis a través de la humitat de les seues bragues. Se li van envermellir les galtes quan els meus dits, esmunyedissos, acariciaven la rigidesa del clítoris. El President va demanar, a la fi, un brindis pel tercer món i l'alliberament immediat de l'industrial. Tots aixecaren la copa, inclús jo, amb la mà dreta, mentre un dit de la mà esquerra se submergia entre les concavitats aquoses dels sots-llavis de Mamen. La concurrència decidí rubricar el brindis amb una ovació. Fustigat per la mirada de Carlota, em vaig veure obligat a aplaudir. Amb les dues mans.

— Muy bien, pero que muy bien — comentà enfervorit el pilot —. ¿Te ha gustado, Mamen?

— Mucho — mussità ella amb signes clars de timidesa.

Em va semblar que estava molesta pel meu agosarament. Potser jo havia arribat massa lluny, però ho tenia tot tan a l'abast que reprimir els impulsos hauria estat una imprudència. Em va adreçar una mirada d'avís benèvol, gens sever en el fons, i vaig testimoniar-li el desig que m'abaltia xuplant-me el dit de la mà esquerra, assaborint l'aroma del racó més confidencial del seu cos.

La normalitat s'ensenyorí de la taula, però aquesta vegada Carlota, oportuna, introduí Mamen a la conversa, esquinçant el clímax de tensió que intuïa.

– Tu que ho has estudiat, Mari Carmen, ¿no creus que l'art contemporani no s'ha trobat a si mateix, que li manca un signe que l'identifique en el transcurs del temps?

– No cal escalfar-se el cap. L'únic signe d'identitat de l'art que avui corre per les galeries és la confusió; el desgavell de tendències i maneres d'expressió.

– La història de l'art sempre ha estat així – intervingué el que era al costat de Carlota –. El que és realment important és que el nostre segle ha sabut alliberar-se del realisme que s'imposava com a finalitat a les obres artístiques, la representació final de la natura.

Tanta teoria m'aclaparava. Vaig maldar de bell nou per dur la mà al lloc que li esqueia. Vaig trobar, però, el pany clos. Vaig forcejar un moment davant la solidesa ferma de Mamen, pendent només de la disquisició intel·lectual. Impossibilitat de prosseguir les manualitats vaig esmerçar l'atenció a les distintes marques de vi que poblaven el menú; la gala es consumia entre subhastes i plats de diferents classes de marisc.

A l'hora del cafè part dels comensals dansaven a una pista de ball provisional, instigats pel ritme afro de l'orquestra, no sé si en homenatge als xiquets escanyats del tercer món. Maite s'endugué Carlos a la pista; Carlota Max intentà arrossegar-m'hi però no ho va aconseguir, perquè jo havia pescat una merda com un general, tot siga entés sense la inflexió irrespectuosa, però mai millor dit, atés que alguns dels generals presents a la gala tampoc no anaven lleugers de líquid. Butxana s'oferí a ballar amb Carlota i em lliurà de les responsabilitats; els pares de Carlos seguiren l'exemple sumant-se a la barrila. A la taula quedaren els dos intel·lectuals, rigorosament preocupats per l'esdevenidor de l'art, Mamen i jo, més capficat en matèries no tan metafísiques.

— Necessite follar-te — vaig disparar a boca canó.

— No suporte les grolleries.

— Què cony em fa a mi el que suportes o deixes de suportar! L'únic que pretenc és follar amb tu.

Els dos intel·lectuals pararen la conversa i ens van mirar. Vet aquí un problema que també els afectava. Mamen acotà la mirada, com si cerqués alguna cosa pel terra. Vaig encendre un cigarret esperant qeu els dos intel·lectes reprengueren el col·loqui.

— Jo crec que l'art no ha d'estar sotmés a cap moviment estilista...

Un d'ells reinicià la polèmica; aleshores, li vaig agafar la mà i entrellaçàrem els dits.

— Mai he desitjat una dona com et desitge a tu ara.

— Ves-te'n, per favor. Has aconseguit posar-me nerviosa.

— Res d'anar-me'n. O folle amb tu o arme un escàndol i eixim tots al tebeo de Carlota.

— Borratxo, estúpid! — exclamà, incòmoda però amb veu atemperada.

No vaig poder contenir una rialleta. Em trobava

plenament feliç, amb l'escalf de l'alcohol a la panxa. Em vaig empassar una copa de conyac.

– Nineta, quan em tingues damunt voldràs que s'acabe el món. Paraula. Sóc un artista – vaig acompanyar la confessió amb una bafarada etílica.

– Ets una persona odiosa.

– Tots vosaltres sou, en canvi, gent extraordinària. De veritat. M'agradaria deixar-te un record abans que et cases.

Li vaig estirar la mà fins a posar-me-la en la meua bragueta.

– Pren, és el meu regal de bodes.

Entregat l'obsequi, em vaig alçar de la taula. Em vaig haver de subjectar al respatller de la cadira per traurem el vacil·leig de les cames. Així que vaig comprovar que podia mantenir-me estable, em vaig adreçar cap a l'eixida, travessant la boira espessa del fum dels cigars. Em sentia atabalat, i el clima i el soroll del saló no feien sinó accentuar-me els símptomes de vòmit. En comptes d'anar cap al jardí interior ho vaig fer cap al carrer, a fi d'evitar-me l'aldarull a la pista de ball.

Vaig franquejar el pas de la porta principal i un dels porters em va ajudar a baixar les escalinates. A la vorera, vaig empalmar un cigarret amb la burilla de l'altre. El carrer estava buit; tan sols uns pocs curiosos que esperaven l'eixida de les autoritats i un xiquet d'aspecte cetrí amb una bossa de plàstic rebuscant entre les escombraries d'un container els canapés que havien sobrat.

Ben decidit a desempallegar-me de l'empillocada, vaig iniciar un passeig en direcció a la plaça més cèntrica de l'urbs, confiat que una vegada allí la brisa recollida durant la caminada m'hauria aclarit el cap i podria localitzar un taxi. Encara no havai fet les primeres passes que algú em va aturar de sobte, engrapant-me del braç.

– Hi ha molt de fum dins – digué Mari Carmen, amb la veu trencada, plena de presagis.

La nit queia tensa. M'empenyé càlidament de la mà a l'altra banda del carrer, obrí la porta d'un Porsche i em vaig acomodar al seient. D'una bandolera de xarol negre pouà un pintallavis roig intens i, servint-se de l'espill retrovisor, es farcí els llavis de carmí. La seua bellesa en aparença inassolible adquirí de cop i volta la naturalesa d'una puta d'alt estànding.

Em va mirar amb aquells ulls de la gossa submisa a la decisió del gos amb qui s'ha d'aparellar. El gos no tenia pressa, però; volia retenir cada moment de plaer, com si l'intent estèril de parar el temps no fos el motiu de l'ansietat que l'atenallava. Res, tanmateix, no em causava tant de plaer com descordar-me lentament els pantalons, alhora que les notes musicals de l'orquestra ens aplegaven esmorteïdes. Després tot fou molt fàcil; ella va ajupir la cara i jo em vaig deixar dur per la melodia del cantant. «Nunca llueve al sur de California».

El xiquet va travessar el carrer amb la bossa de plàstic. A l'altura del Porsche es va aturar i escrutà amb la mirada l'interior del cotxe; neguitós, va somriure mossegant-se el llavi inferior. Amb un gest del cap el vaig comminar a anar-se'n, però ell va romandre quiet, immutable. Havia descobert un container de luxe.

IX

Era poc més de migdia quan el dring agut del telèfon em va retrunyir dins la closca. Endormiscat, la recerca a palpes de l'aparell telefònic va allargassar encara més l'esquellada i vaig despenjar l'auricular de mal grat.

– Digues.

– Ho lamento, Barrera, però no he pogut informar-te més d'hora.

– Has tingut sort, perquè t'hauria assassinat.

– T'acabes de llevar, oi? Quan sigui gran m'agradaria ser redactor en cap de la secció de successos. Estic des de les nou del matí pencant per tu, però el meu amic l'arquitecte de l'ajuntament tenia una reunió i fins a les onze no he pogut parlar amb ell.

– ¿I la paisana del Central?

– Fantàstica, s'ha portat com una dona. Per la seva gestió amb altres col·legues ens hem assabentat que les empreses pròpiament de Ros no han enregistrat cap moviment espectacular de sortida de capital. Ara bé, l'empresa Bloking ha transferit a un compte familiar dels Ros prop de mil milions de pessetes, a una llibreta de la Caixa d'Estalvis de València. Això lliga amb una qüestió referent als solars que després t'explicaré. La notícia és que l'industrial té subscrita una assegurança amb la firma londinenca Lloyd's per valor de vuit-cents milions de pessetes, que li pagarien en cas de, entre altres clàusules d'interès comercial, un segrest. O sigui, que si Ros la palma o paga una quantitat semblant a la que té estipulada, rebrà la compensació monetària per part de la Lloyd's. Passa, però, que hi ha una clàusula que obliga l'empresari a tenir guardaespatlles, i aquí la cosa es complica, perquè potser la Lloyd's no admet que el xofer feia aquesta funció.

— ¿D'on has tret això?

— De la paisana, xato. La Lloyd's treballa amb el Central; i no sols m'he assabentat de l'assegurança de Bernat Ros, sinó també d'una llista de clients repleta d'empresaris i polítics valorat cadascú segons la importància que té. Per exemple, un diputat a les corts espanyoles està pels quaranta milions, mentre un diputat autonòmic no passa dels vint-i-cinc. A tres-centes mil pessetes ens costa el quilo de parlamentari, bitllet amunt bitllet avall, perquè la pòlissa d'assegurança va a càrrec de la societat civil. Com diu ton pare, els polítics són els xulos dels ciutadans.

— ¿Es pot publicar la llista?

— La dels polítics sí, però m'ha pregat que no diguem res de la pòlissa de Ros fins que acabi el segrest, perquè potser li complicaríem l'existència.

— I ¿què diu la Lloyd's?

— A l'expectativa. Estan esperant el desenllaç del segrest, i en cas que no resulti beneficiós per als interessos de l'empresa d'assegurances disposen d'una agència de detectius que investigaria l'afer abans de pagar.

— Però sembla que Ros ha pagat o vol pagar el rescat, no?

— Aquí entren els seus solars. L'arquitecte de l'ajuntament m'ha facilitat fotocòpia dels plànols on estan situats els terrenys que tenen valor i els que no en tenen tant, propietat de l'industrial. La majoria són solars comprats abans de l'aprovació del Pla General d'Ordenació urbana, que s'han revaloritzat un cop aprovat el Pla. Això demostra les bones amistats polítiques de Ros.

— I ¿on enganxa la transferència de diners feta per l'empresa Bloking al compte de la Caixa?

— Segons consultes dutes a terme per la paisana amb altres col·legues del gremi banquer, l'empresa Bloking no ha manllevat els diners a Ros, sinó que li ha adquirit solars per valor d'aquesta quantitat.

— ¿Quins solars?

— No se sap, perquè sembla que és un tràmit d'urgència per tenir liquidesa, potser per l'ultimàtum dels segrestadors.

— Es a dir, que Bernat Ros es compra els seus propis terrenys.

— En part sí, en part no; l'industrial només té el trenta per cent de Bloking, Ribes un cinquanta i la resta Montagud. He passat pel registre de la propietat mercantil i ho he comprovat. D'altra banda, segons la paisana, l'adscripció de l'advocat Ribes a l'Associació d'Empresaris banquers ha permés la ràpida disponibilitat de diners frescos.

— T'has guanyat dos divendres seguits.

— No deixa de ser un consol.

— ¿Estàs trist?

— M'han fotut la cartera a l'ajuntament.

— ¿Com ha sigut?

— No ho sé, però ja és el segon cop que em passa.

— Carrega-ho al compte de despeses, Noi. Jo parlaré amb el gerent. No et mogues del diari en tot el dia.

— Com tu diguis. Escolta, m'oblidava de dir-te que Butxana t'espera a la cafeteria San Patricio, a dos quarts de quatre.

— D'acord.

L'alcohol ingerit la nit passada m'havia deixat indicis de malestar a l'estómac i la boca eixarreïda. També tenia el cos embotornat; havia dormit vestit, però sense tapar-me. Em vaig traure el trage i em vaig asseure al terra de la dutxa uns minuts. Vaig graduar l'aigua a poc a poc, fins que la necessitat de deixondir-me féu que obrís del tot l'aixeta d'aigua freda. Un massatge forçat pel contacte amb una tovallola de teixit aspre em va esperonar. En acabat, un café ben espés hauria estat el complement ideal, però no en tenia ni un gram. Em vaig vestir, doncs, amb les meues peces de roba habituals i vaig resoldre travessar el replà i desdejunar al pis d'Helena. Va tornar a sonar el telèfon, però.

— ¿Don Hèctor Barrera?

— Jo mateix.

— Un moment i li passe el senyor comissari.

Se sentia un soroll de màquines d'escriure i teletips.

— Barrera, ¿què collons vol dir això que Terra Lliure no ha segrestat don Bernat Ros? Explica't!

— Ho han desmentit en un comunicat.

— I ¿com saps tu que el comunicat és autèntic?

— Me l'entregaren en mà quatre encaputxats. Tinc testimonis.

— Tu i els testimonis quedeu citats a comissaria per prendre-vos una declaració oficial.

— Això no t'ho creus tu ni borratxo, Tordera.

— Com a ciutadà tens l'obligació inel·ludible de...

— Jo no sóc un ciutadà, sóc un periodista obligat pel secret professional.

— Deixa't de conyes!

— Molt bé, doncs t'ho explicaré d'una forma que ho entendràs millor. Si m'obligues a declarar no sols diré que el segrest de Ros fa més dies que s'ha produït del que diu la policia, sinó també que s'ha practicat una autòpsia a una prostituta assassinada sense permís judicial però amb el consentiment del comissari Tordera. Ja coneixes la susceptibilitat dels jutges, més encara si són demòcrates. ¿Ho has entés?

— Perfectament, però ets un malparit!

— En compte de pressionar-me, ¿per què no fas pública la llista d'empreses que Terra Lliure té com a objectiu d'atemptats?

— Això és un problema intern de la xefatura.

— Jo diria que és un problema de consciència.

— Com a policia, em paguen per controlar els meus sentiments.

— A mi no em paguen tant.

Li vaig penjar. Iniciar el dia amb una discussió gremial amb Tordera descoratjaria el més agosarat. Després de connectar el contestador automàtic vaig eixir del pis i vaig pitjar el timbre de la porta d'Helena. Em va rebre un tipus amb bigoti i ulleres de carei.

– Tu deus ser Hèctor, no? – digué amb un somriure.

– Sí, i tu Manel.

– Exacte.

M'allargà la mà i encaixàrem.

– Passa – em cedì el pas amb educació.

Vaig entrar. Helena estava a la taula del menjador envoltada de llibres i papers.

– Bon dia, Helena. Disculpa que vos moleste, però no tinc café.

– Nosaltres en tenim fet – em va dir, i se n'anà a la cuina. Manel m'oferí un seient mentre s'asseia a la taula, tocant a on estava Helena. Intentà un somriure que li isqué indecís i amb un moviment de les mans m'assenyalà l'escampadissa de papers i llibres.

– Estem fent una adaptació de *Macbeth*. ¿T'agrada Shakespeare?

– De menut vaig veure *Romeo i Julieta* al cinema del barri.

– És apassionant.

– Jo xalava més amb Buster Keaton.

– Em referia a l'adaptació de *Macbeth*. Es tracta d'una obra que ha exercit una gran fascinació sobre la imaginació dels espectadors. En realitat, tota l'obra de Shakespeare té una càrrega humana impressionant.

– Manel s'emociona parlant del seu treball – digué Helena, dipositant una safata amb tasses de café damunt la taula –. Hem estat treballant tota la nit.

Déu, d'això en deia l'Helena tenir un projecte en comú. I havien passat una nit fabulosa, d'altra banda. Decididament, la felicitat és un terme del tot relatiu; o indefinible, més aviat. Siga com siga, ella ho preferia així, algú que l'estimés i estigués contínuament al seu costat. I per fer companyia qualsevol cosa era útil.

– A la vesprada marxem del pis – féu Helena, aguditzant el to de la veu.

– Ens traslladem al meu – prosseguí Manel –. És una mica més gran i el tenim prop de la facultat. Esperem que vingues a sopar algun dia.

– Més tard, quan ho tingueu arreglat. ¿Què faràs d'aquest pis, Helena?

– Se'l queda una companya meua. Li diuen Loli – digué amb certa severitat.

– És una gran xica – abundà Manel, i afegí no sense pudor –: vull dir atractiva i simpàtica. ¿Oi, Helena?

– Sí, és molt simpàtica – remarcà ella amb desgana.

– Bo – vaig aspirar –, vos desitge sort i una feliç estada al nou domicili. Que siga per a bé, que se sol dir en aquests casos.

– No tindrem temps d'avorrir-nos. Hem d'adaptar unes quantes obres de Shakespeare – puntualitzà Manel amb una espurna d'entusiasme.

Em vaig beure el café.

– No cal que m'acompanyes – li vaig dir a Helena, que s'havia alçat –, conec el camí. Gràcies pel desdejuni.

Amb l'esguard, Helena escorcollà les meues passes pel corredor fins a la porta. Des d'allí em vaig girar i li vaig adreçar una mirada ràpida, un gest de comiat, qui sap si amb l'esperança d'un nou encontre. Potser d'ací a uns anys, quan aclaparada pels projectes comprenga que no hi ha pitjor soledat que l'absència d'allò que més desitges, bo i sabent que només serà per una estona. Al replà vaig notar un cert regust de buidor; la sensació, no gens estranya, que alguna cosa meua quedava en aquell pis. El revés de segons quines portes sabia més de mi que jo mateix.

Vaig marxar cap al centre fent servir el transport públic. L'autobús anava de gom a gom d'estudiants que tornaven a dinar a casa i de jubilats que aprofitaven el bonobús per fer una volta i atenuar el pas del temps. En una de les cantonades, el conductor va tombar una mica tancat i un dels amortidors féu figa. Malgrat les protestes rogalloses dels usuaris de més edat, el conductor va aconseguir que el públic abandonés el vehicle i esperés l'arribada d'un altre autobús en la mateixa ruta.

Jo em vaig estimar més acabar el recorregut a peu. Si el paisatge em resultava reiteratiu, en canvi el dribling d'automobilistes temeraris i la constant agressió de les bafarades tòxiques dels tubs d'escapament conferien al trajecte un al·licient apreciable. El carril bici, a més, afegia un nou component a l'aventura: tan sols circulava un ciclista cada vint-i-tres hores, i sempre agafava desprevinguts els vianants, de manera que les voreres, que es compartien per decisió institucional amb tan insòlits conductors, es convertien en espais per a funambulistes desperts.

Vaig resoldre dinar a còpia d'aperitius al bar del Rei de la Clòtxina, enclavat a la part vella de la ciutat. Decidit a guarir-me l'estómac de les impureses mastegades a la gala d'Unicef, res com un caldo de clòtxines apebrerat i un parell de gerres de cervesa a pressió. El caliu del piment disposava els sucs gàstrics com una mena de mur infranquejable. Si a pesar d'això quedava alguna escletxa, un rebentat de Veterano la taponava.

La terrassa del Sant Patricio era plena d'una clientela de diversa procedència professional. Funcionaris de les diferents institucions de la plaça es confonien amb polítics assalariats de jornada intensiva, rendistes a compte del tresor públic i venedors dels magatzems veïns de la cafeteria. Butxana era allí, en un racó del paravent encristallat que preservava la parròquia de la humitat hivernal. Bebia d'una copa mentre simulava escoltar la disbauxa verbal d'Humberto, cambrer exterior de la cafeteria, immigrant de Puertollano que a principis dels vuitanta va assolir la diadema provincial dels semi-pesants.

– ¿Què et passa, Humberto, que estàs tan cabrejat? – vaig dir així que vaig arribar.

– S'ha posat com una cabra quan li he dit que Al Brown era mariquita – puntualitzà Butxana.

– M'està prenent el pèl – Humberto estava exasperat.

– Doncs no, és veritat – vaig seure –. Ell i Jean Cocteau es donaven el morro, literalment el morro.

– ¿Jan Cartró? – provà de repetir Humberto – ¿Eixe de quin pes era?

— Ploma, Humberto, ploma — rigué Butxana.

El cambrer sucumbia al desconcert.

— Deixa'm una copa i no t'angoixes — el vaig consolar.

— És per al iaio de la gavardina. Però si teniu pressa la deixe i li'n porte una altra — serví la copa —. Pagueume, que després no em quadra la caixa.

Li vaig donar mil pessetes i em va tornar el canvi amb aquelles odioses monedes de vint duros. El iaio va reclamar a crits la seua copa.

— Andiamo presto — l'asserenà Humberto —. No fot brot en tot el dia i sempre ve a les hores de més faena. Són com xiquets.

El cambrer entrà a la cafeteria empaitat per les protestes del iaio, fregant-se les mans potser per manca de carburant al pap.

— Anit se't va trobar a faltar. Desaparegueres de sobte.

— ¿Hi havia algú preocupat per mi? — vaig demanar.

— Carlos Olite — contestà Butxana amb semblant mordaç —. Però es va tranquil·litzar quan reencontrà la nóvia.

— ¿Què va passar?

— No res. Ell li va dir: «¿Dónde estabas, Mamen?» I ella respongué: «Fuera, me encontraba mareada» «Y ¿por qué no me has llamado, cariño?» , reincidí ell; i ella: «No te necesitaba». Duia els cabells esborrifats i el rímmel corregut. Cara biliosa, realment.

— El vi era horrible.

– Això mateix li vaig comentar jo al senyor Olite, queixós perquè a la gala d'enguany no havien demanat el patrocini del seu celler.

– ¿On acabàreu la festa?

– En la futura casa de Carlos i Mamen. Preciosa, tu; un xalet vora mar amb immensos jardins per enriquir-se de filosofia contemplativa. El dormitori dels senyors és ample i té un enorme finestral que quasi veus les platges de Mallorca. És al primer pis i no és difícil enfilar-se.

– He hagut de fer tant d'esport per guanyar-me la vida que odie l'exercici físic.

– Doncs trobe que és una pena; algú haurà de consolar la senyora d'Olite mentre Carlitos es deixa la cornamenta per eixos circuits de Déu.

– No li faltarà companyia – vaig dir mirant el rellotge.

– Au?

– Sí, serà millor. Es fa de nit aviat.

L'R-5 de Toni estava encaixat entre dos taxis just darrere el paravent de la cafeteria. Butxana freqüentava la zona, i això li reportava coneixences i li estalviava la tasca ingrata de cercar un lloc al cotxe entre els aparcaments al voltant de la plaça, tots ells atapeïts de vehicles des de les primeres hores del matí. Del centre a l'eixida sud aguantàrem impertorbables un embús de trànsit amb traces de prolongar-se arreu de la ciutat. Circular per València és una fantàstica teràpia per a tipus contents de la seua impavidesa.

Eixírem de la ciutat sense abandonar l'embús, enfilats rera una cua de camions i turismes que marxaven lentament. Tres o quatre quilòmetres més enllà es va normalitzar el trànsit, però aleshores nosaltres havíem de tombar a la dreta, donar la volta a un hiper colossal i agafar un camí pedregós després de travessar un petit by-pass embassat d'aigua als desnivells. A banda i banda del camí hi havia camps de col llombarda, amb les fulles empolsimades i sequierols ocults per matolls de junça.

No massa lluny, a l'esquerra, els pobles de l'Horta Sud apareixien amb la fisonomia estroncada, nous ravals d'una urbs engrandida irracionalment per als ciutadans, però de forma lògica per als especuladors.

Un rétol de metall oxidat indicava la direcció correcta de Las Delicias. T'endinsaves per un caminal estret que acabava en una casona, encerclada per una paret des d'on emergien un grapat de palmeres. Estacionàrem el cotxe vora l'enreixat de l'entrada i ens internàrem al pati de la casona, un antic sequer d'arròs molts anys inactiu. Uns quants cotxes estaven aparcats a sota d'un cobert de pallís.

—Aquell Fiat Uno blanc coincideix amb la descripció que em féu la meua veïna. Això em demostra que els paios que entraren al meu pis tenen alguna relació amb el tal Florian.

—A la vista de les amistats que tens, he cregut oportú portar Pepín.

M'ensenyà una arma.

— Fa·molta companyia — afegí tot seguit, acaronant-li el mànec.

— Mira que la festa no acabe amb una mascletà — vaig advertir-lo.

— La tindré a mà, de totes maneres — es ficà l'arma dins la butxaca de la jaqueta.

Entràrem dins la casona. La il·luminació ambiental tenia un to vermell obscur i la temperatura, un pèl estival, contrastava amb el clima exterior. A la part dreta hi havia un salonet amb una petita barra a cura d'un cambrer de patilla triangular i arracada al peçó. Una empleada vingué a rebre'ns. Era jove, molt jove i sensual; duia una malla negra ajustada al llarg del cos i sabates de taló.

— ¿Teniu cita?

— No. Volem parlar amb la madame — va dir Butxana.

— Jo vos puc atendre.

— És un assumpte familiar — vaig insistir.

— Passeu al saló.

Hi ha mirades que ho diuen tot. El bàrman alternava les llambregades entre els gots que escorria i els nostres moviments. Per facilitar-li la serenor d'esperit ens vam asseure als sofàs, ú ben separat de l'altre, segons el criteri de Toni, entestat que m'assegués al canapé de la punta. No vam badar boca durant l'estona que romanguérem allí, fins que el soroll del motor d'un cotxe que engegava féu saltar Butxana del sofà. Es va adreçar a la finestra i, amb l'arma apuntant el cambrer però mirantme a mi, digué:

— El Fiat acaba de marxar.

— ¿Quants hi anaven?

— No m'ha donat temps de comprovar-ho.

— Queda't ací — vaig dir —. Buscaré la madame.

S'apropà a la barra i agafant el cambrer de la solapa de la jaqueta li posà la pistola als narius. La cara del bàrman canvià de color.

Més enllà de l'envà de vidre hi havia una escala ampla amb balustres i passamans de fusta. Dalt comunicava amb un corredor amb tot d'habitacions tancades. Vaig forçar un pom i amb l'ajuda de l'empenta del cos la porta va cedir.

Una puta estava lligada a les columnes d'un llit d'imitació clàssica, mentre l'home, en calçotets i panxa prominent, donava voltes al jaç intimidant-la amb un fuet de cuir. La puta va xisclar; era mulata, de pits exuberants, i el que més sobreeixia en ella era un toll de pèls negríssims a l'entrecuix. L'home es va quedar estàtic, esmaperdut, fitant-me els ulls, com capitulant davant l'evidència de l'infraganti.

— Busque l'ama.

— L'última porta del corredor — contestà ràpid, enlairant el fuet per mostrar-me el camí.

Ni en calçotets i amb l'estri de sado a la mà aconseguia traure's l'aspecte de cap de família bondadós. Vés a saber si en el fons albirava en la flagel·lació d'espècies tropicals una eixida al drama casolà. Vaig tancar la porta.

De l'altra punta del passadís va acudir una dona abillada de manera sumptuosa. El crit de la mulata havia alertat la clientela, i part d'ells, escamats, eixiren al corredor demanant-se amb la mirada el motiu de l'escàndol. Amb frases de serenitat cordial, la dona els empentava dins les habitacions. Butxana va pujar al primer pis acompanyat del cambrer, sense encanonar-lo però agafat del muscle.

– ¿Qui són vostés? – exigí la dona, certament indignada.

– Amics de Florian.

Ho vaig dir de forma tan poc convincent que per tota resposta vaig rebre el silenci desconfiat de la madame. L'estampa de Butxana subjectant el cambrer arrodonia els seus recels.

– Volem prevenir Florian. Cortés el gitano va buscant-lo.

– No sé on és el meu fill. Aneu's-en o cridaré la policia. Açò és un negoci legal.

– Es posarà contenta la clientela si entra la bòfia al garito. Sobretot l'animeta del sado.

– No tinc res a dir-vos de Florian.

– ¿Qui anava en el Fiat? – preguntà Butxana.

– Un empleat de la casa – respongué la madame.

– I ¿a on anava tan embalat? – que jo pregunte.

– Jo t'ho diré, Barrera – s'anticipà Butxana –. Ha d'avisar Florian.

Empenyé el cambrer fent-lo caminar davant d'ell fins que estigué a tocar de la madame.

– Mira, putot – li digué ensenyant-li l'arma –, si no ens dónes raó d'on podem trobar el teu fill passarà una desgràcia i acudirà la bòfia i la premsa.

També Butxana pecava d'aquella mania popular de barrejar impunement els gremis.

— Et torne a repetir que no sé on és el meu fill. Ell porta la seua vida.

— ¿Em creus idiota? — s'emprenyà Butxana —. El teu Florian és un macarra i açò un garito de pendons. Per força heu de tindre comptabilitat conjunta.

— Només volem parlar amb ell...

Vaig tractar de calmar-la, però la inesperada embranzida del cambrer a Butxana em va interrompre. L'abrivada el va agafar desprevingut i tots dos rodolaren pel terra; l'arma caigué als peus de la madame. Intentà agafar-la, però abans d'ajupir-se li vaig etzibar una galtada en ple rostre. Amb una puntada de peu vaig enviar la pistola als primers graons de l'escala. El cambrer havia aconseguit posar-se damunt de Toni, empomant-lo pels canells. El vaig enlairar del coll de la jaqueta. Butxana va recollir l'arma i tot seguit va estovar el cambrer.

— La pròxima vegada serà cosa del Pepín — li notificà.

Esverada per l'enrenou que es filtrava a les habitacions, la clientela comparegué de nou al corredor; un vellet amb mitjons i calçotets llargs va protestar iradament.

— Cavallers, a trotar, que són quatre dies — aconsellà Butxana amb la pistola entre mans.

— Anem al despatx — resolgué la madame.

La placidesa retornà al passadís amb el seguit de cruixits de panys que es tancaven. Anàrem al darrere de la madame fins al despatx. Nosaltres vam restar drets i ells van seure en una butaca vis-à-vis, de tal manera que mentre Butxana s'encarava al cambrer, jo ho feia amb l'ama.

— M'agradaria que comprengueres que només volem parlar amb Florian.

— ¿Voleu diners? — contraproposà la madame.

— Telefona a la policia — suggerí Butxana.

Despengí l'auricular per comprovar la reacció de la madame, i com que continuava callada marquí el meu número de telèfon.

— Aguarda't — digué alçant-se.

Vaig penjar.

— He de saber qui sou — persistí ella.

— No som de la bòfia, ni tampoc som de la colla de Cortés el gitano.

— ¿Per què voleu vore Florian?

— Està guanyant temps, Barrera — alertà Butxana — I així el del Fiat avisa el seu fill.

— Se m'ha acabat la paciència, senyora.

Vaig despenjar el telèfon però aquesta vegada vaig marcar el número de la Xefatura. Vaig apropar l'auricular a la madame.

— Amb el comissari Tordera — vaig demanar a la centraleta tot just l'ama va poder comprovar que la veu a l'altra banda del fil corresponia a Xefatura.

— Tordera, diga'm — féu el policia, però la madame interrompé la comunicació.

— Hi ha dos llocs on podeu trobar el meu fill. A la platja, en una caseta verda tocant la discoteca Spook Factory, o bé al carrer Visitació, passant el primer pas a nivell del carrer Sagunt el primer carreró a la dreta. És una finca de dos pisos.

— Número.

—No el recorde, però és l'única finca del carrer amb dos pisos. Està al principi, entrant per l'avinguda de la Constitució.

— ¿Hi ha telèfon al pis?

— No.

—És clar que no, Barrera; per això el paio del Fiat ha eixit a avisar-lo.

— ¿És veritat? — li pregunte a la mestressa.

— Sí; Cortés i altres el busquen i havíem de prevenir-lo.

— I a mi ¿per què em visitàreu?

—No ho sé, pregunta-li-ho a Florian. Estic farta que em mesclen amb els seus afers!

—Els testos s'assemblen a les olles — digué Butxana.

— Ja vos he dit on podeu trobar-lo.

— Si ens has mentit, no li faltarà publicitat al garito — la vaig amenaçar.

Vaig arrancar el fil del telèfon; de la taula vaig recollir la clau del despatx i vaig tancar la porta per fora, deixant la clau posada al pany. El passadís estava tranquil i les habitacions closes. En el vestíbul, Butxana va entrar al salonet i es va agenciar una botella de Johnnie Walker del prestatge de la barra. Begué un glop, eructà, va fregar la boca de la botella amb el revés de la màniga i me la va allargar.

—Anem primer a la platja — li vaig dir amb el regust de fusta del whisky a la boca.

En el caminet d'entrada a Las Delicias ens vam trobar amb un cotxe amb quatre individus dalt. La senda, cenyida de laterals, ens va obligar a creuar-nos amb compte; els ocupants de l'altre vehicle ho aprofitaren per, engatats com anaven, interessar-se per l'horari laboral de la mulata. La negrelluda, en deien entusiasmats.

Deixàrem a la nostra esquena les construccions desiguals dels pobles del raval de la ciutat; enfilàrem en direcció a la platja del Saler transitant per una carretera singularment original: anegats d'aigua els marjals d'arrós a un costat i l'altre, semblava una calçada amfíbia. El camí empalmava amb la carretera que unia els pobles costers amb la capital. Tombàrem cap la ciutat i a penes transcorregueren cinc minuts quan aparegué el rètol ben visible de Spook Factory. De l'aparcament de la discoteca fins a la casa verda anàrem a peu, patejant camps de sorra.

La casa estava prop de la mar i tan sols se sentia la remor de les ones. El dia ja declinava. Tenia aspecte d'abandonada, amb els barrots de les finestres rovellats per l'acció del salnitre i amb la pintura de les parets pelada.

Vaig tocar a la porta i esperàrem uns instants. No preteníem una rebuda amable, sinó verificar si es produïa algun bellugueig interior. No sentírem res, però, i la fusta de la porta va espetegar després de reiterades envestides a l'alçada del pom.

Hi havia vidres esmicolats i cadires escampades pel terra. El desordre evidenciava que havia tingut lloc un aldarull violent. Butxana va arreplegar tres casquets de bala que no corresponien a la munició que fa servir la policia. De l'estança del menjador s'iniciava un reguer de gotes de sang; seguint-les vam anar a parar fins a un petit corral, ran d'una figura humana amb mig cos enfonsat en una mata margaritera. Incorporàrem el cadàver. La cara estava irreconeixible; li havien disparat a boca canó, després d'acribillar-li el tórax. Una sensació fastigosa es va apoderar de nosaltres davant la visió d'aquell mort, amb les mans seccionades pel canell i la totalitat de les dents arrencades.

— Obra de professionals — certificà Butxana separant-se del cadàver —. És inidentificable. Potser és Florian.

— Potser — vaig admetre.

Tornàrem a l'interior de la casa i encenguérem els llums.

— Siga qui siga estava fitxat — assegurà Butxana —. Mutilar els cadàvers és un mètode que utilitzava la màfia italiana quan encara no els feien desapareixer en un recipient d'àcid. Esborraven així tota possibilitat immediata d'identificar l'assassinat. Els delinqüents són més fàcils de reconéixer perquè tenen les empremtes a la comissaria.

— Això reforçaria la tesi que el mort del corral és Florian.

— La reforça, evidentment. El gitano aquell que has mencionat tu ¿existeix?

— Sí. Controla part del tràfic i consum d'heroïna de la ciutat i sembla que ell i Florian tenen afers pendents.

— Doncs ja tenim un candidat.

— És estrany. No sabia on trobar-lo i tampoc no tenia pressa per ajustar-li els comptes. No crec que haja sigut Cortés.

— Entre traficants no van de conya. És molta la paperassa que s'hi juguen.

— Acabem de revisar la casa. Tu mira per dalt.

Vaig escrutar atentament el pis tant com vaig poder, buscant algun indici que ens pogués aclarir la situació. Vaig rascar una gota de sang del terra i la facilitat amb què l'ungla va despintar la taca em va donar una idea més o menys exacta de les hores transcorregudes des de l'assassinat. Em vaig embutxacar dos casquets de bala i amb un mocador vaig netejar tots els llocs on havíem posat les mans. A la vora d'un sofà de tres places vaig trobar un ble de cabells semblants als de Mabel.

— Puja dalt, Barrera.

La planta tenia una sala d'estar amb una xemeneia i dues habitacions. Butxana esperava fumant al llindar de la porta d'una d'elles.

— Fes una ullada — em digué sospirant.

Era un lavabo amb esquitxos de sang per tot arreu. De l'interior de la tassa d'un wàter eixia un cadàver amb els braços penjant i les mans seccionades.

— No cal que li mires la cara. La té molt pareguda al del corral.

— ¿Has vist l'altra habitació?

— Sí, està encoixinada. Vine.

Va aixafar el cigarret i em va conduir a una altra sala amb els mobles tapats amb llençols blancs. Obrí la porta d'una estança enconxada d'espuma més amunt de la meitat de la paret. L'habitació no tenia cap finestra i la porta estava revestida de fusta gruixuda. Repassàrem el sòl diverses voltes però no vam trobar res. Ens vam mirar.

—Ací han tingut Mabel fins que l'han morta—vaig dir, extraient de la butxaca el ble de cabells —. Són d'ella.

—No m'encaixa—féu Butxana mossegant-se el llavi —. ¿Per què haurien de retindre una puta si havien d'acabar matant-la?

—És una pregunta que podria contestar Florian, però em sembla que el macarra no està per a interrogatoris. Recapitulem: tenim dos cadàvers.

— Si no n'apareixen més, sí — digué Butxana fent cap a l'altre extrem de la sala per mirar darrere dels mobles —. En efecte, dos — confirmà des d'allí.

—Doncs bé, si al meu pis n'entraren tres vol dir que ens queda un, que potser siga Florian.

— ¿I el del Fiat?

—El cotxe no és a fora. Per tant, cap dels cadàvers és ell.

— Però podia haver entrat a la casa, el deixen sec i s'emporten el cotxe.

—La ressecor de la sang indica que se'ls han polit fa de cinc a vuit hores, més o menys.

—Així doncs, no en són tres sinó quatre. Els dos cadàvers, Florian i el del cotxe.

—Mira, estem en un cul-de-sac; per eixir de dubtes hauríem d'anar al pis del carrer Visitació. Potser allí trobem alguna cosa.

— Si el del Fiat no ha arribat — sentencià Butxana.

— Però ¿no havíem quedat que li han fet la pell?

— ¿He dit jo això?

— Sí, ho has dit.

—La veritat és que ara mateix no estic en disposició d'argumentar-ho. Mone al cotxe, necessite un traguet.

Fora ja era de nit. Prop de la casa s'havien estacionat alguns cotxes amb parelles interessades en experiments genètics. El rètol intermitent de la discoteca ens va il·luminar el camí fins a l'R-5. Bufava una brisa humida i Butxana va engegar la calefacció, però fou el contacte del paladar amb el Johnnie Walker el millor condicionador climàtic que vam trobar.

La Spook Factory encara estava tancada al públic, en eixe moment tractant d'intimar vora la platja. Els empleats del local descarregaven caixes de begudes per una porta lateral. Transitàrem per la carretera fins un quilòmetre més avant, on vam agafar l'autopista d'entrada a la ciutat per la banda del jaç del riu. De nou ens va deturar un embús circulatori i Butxana va buscar amb el dial de la ràdio una freqüència musical d'F. M. Un rock de Double Bouble i una melodia d'Elton John donaren pas a la intervenció radiofònica.

— Canal Nou: emissora de ràdio de la Generalitat Valenciana — anuncià la locutora. Tot seguit la musiqueta habitual de l'emissora i altra vegada la mateixa veu femenina —. Bona nit, tal com hem informat en el nostre butlletí anterior, l'industrial Bernat Ros ha estat alliberat aquesta vesprada, al voltant de les sis, després de pagar un rescat que fonts de la família s'han negat a quantificar.

Butxana va pujar el volum de la ràdio i va aparcar el cotxe dalt la vorera.

— ... L'industrial, que acusava la tensió acumulada

durant els tres dies que ha estat segrestat per la banda terrorista Terra Lliure, ha confirmat a l'agència Efe l'autoria dels segrestadors, desmentida avui pel diari *El Camí* en un comunicat de l'organització armada. A les sis de la vesprada, segons l'industrial, la banda terrorista l'ha alliberat, deixant-lo nugat en un arbre del parc de Vivers, tancat per reformes. Una telefonada dels segrestadors a Efe ha permés a un periodista de l'agència recollir les primeres impressions del senyor Bernat Ros, que ha manifestat trobar-se en bon estat de salut, però amb símptomes de tensió nerviosa, ja que va témer per la seua vida atés l'ultimàtum que Terra Lliure havia donat a la família. L'industrial desconeixia si la quantitat pagada pel seu rescat arribava a la xifra exigida pels segrestadors o si per contra l'havien rebaixada en les últimes hores, davant la impossibilitat de la família d'aconseguir els mil milions en tan pocs dies. Per la seua banda, el Sindicat Unitari de la Policia ha emés un comunicat en què expressa l'alegria del sindicat per l'alliberament del senyor Ros, però lamenta que la família haja actuat de manera tan precipitada, sense donar temps a les investigacions policials i pagant un rescat que servirà per a què els terroristes atempten contra els agents de les forces de l'ordre. S'han instal·lat intensos controls a les entrades i eixides de la ciutat. A les deu i mitja del matí de demà, hi ha convocada una roda de premsa al xalet de l'industrial. Tindran més informació en el pròxim butlletí de les deu de la nit. Fins aleshores continuen vostés escoltant «Èxits musicals del moment».

— ¿Estàs pensant el mateix que jo? — em preguntà Butxana.

— Supose que sí. Una cosa tinc clara: Terra Lliure no ha segrestat Bernat Ros, per descomptat. D'haver sigut ells ho haurien reivindicat a pesar de la bona imatge de l'industrial als mitjans sindicals, perquè és un triomf operatiu dels segrestadors i una derrota de la policia. ¿No ho creus?

— Estic d'acord. A més, ¿t'has fixat que l'habitació estava encoixinada a una alçada una mica més amunt de la de Bernat Ros?

— En realitat, Mabel tenia la mateixa altura, si fa no fa.

— Per una puta no s'arma tant d'enrenou. Massa cadàvers.

— No hem de descartar Cortés.

— Has dit abans que el gitano no sabia on trobar Florian.

— Ens interessa barallar totes les hipòtesis.

— Jo tinc una visió particular de l'assumpte. A Ros l'ha segrestat una banda de delinqüents comandada per Florian, que cobra el rescat i liquida els altres.

— Hi ha una errada lògica en el teu plantejament: falta el del cotxe.

— Potser són aliats, i en eixe cas, comptant els cadàvers, en serien quatre.

— I ¿per què l'industrial declara que l'ha segrestat Terra Lliure?

— Els delinqüents es fan passar per l'organització terrorista per tal de despistar la bòfia.

—Anem d'una puta volta al pis del carrer Visitació.

Inserir l'R-5 entre l'al·luvió de cotxes que carrer avall maldaven per endinsar-se al centre de la ciutat va ser una proesa; els automobilistes, nerviosos pel tap circulatori, estaven poc receptius a les maniobres agosarades de Butxana. El coll de l'embús era un control que la policia havia instal·lat en els carrils d'eixida cap a la platja, però el singular traçat del circuit urbà també possibilitava la retenció dels vehicles que entraven. Superat el tram de controls, tardàrem més enllà d'una hora a trampejar el laberint natural de la ciutat, fins al pont de pedra del carrer Sagunt. Una vegada franquejat el pas a nivell, aparcàrem el cotxe al principi del carrer Visitació.

El carrer era d'aquells que en diuen de mitja galta, amb il·luminació escassa i nombrosos cotxes aparcats fent servir la zona lliure entre la via del ferrocarril i l'espai pròpiament d'asfalt. Abans de buscar l'única finca amb dos pisos, indagàrem entre els vehicles a la recerca del Fiat blanc. Estava aparcat a l'altra punta del carrer. Contrastada la matrícula, ens aplegàrem al portal de la finca.

—Res de brutalitats—m'exhortà Butxana—. Evita les potades, que he portat el plumier.

Amb un joc de palanquetes començà a burxar el pany de la porta.

—Escolta—el vaig aturar—, seria convenient que preparàrem l'estratègia abans d'entrar. En podrien ser dos.

—Ja tornem, Barrera—esbufegà—. No sabem amb

seguretat quants n'hi ha ací dins. Agafarem precaucions, no obstant.

El tancador era de forma ovalada, amb dos cargols als extrems del diàmetre. Com que l'intent d'obrir amb l'enfilall de palanquetes no li va funcionar, els va aprofitar de tornavís i va descargolar el pany. L'escala que menava als pisos era estreta. Hi havia un a cada replà i decidírem repartir-nos-els, esperant que un dels dos l'encertaria. Butxana m'entreobrí la porta del primer pis i marxà al segon. Només havia fet unes quantes passes per dins l'habitatge que vaig notar una furgada als ronyons.

– Posa les mans contra la paret.

La foscor del pis facilitava qualsevol maniobra que iniciés, donat que el canó de l'arma als ronyons denunciava la situació exacta del tipus. Però no vaig voler deixar el trellat a l'arbitri de l'impuls, segur de la diligència de Butxana.

– No et meneges – repetí.

El tipus estava nerviós. Separà la pistola dels ronyons, féu unes passes enrere i encengué un llum. El pis era una sala ampla, quasi circular, amb algunes portes, un balcó que donava a un desllunat interior i una petita escala de cargol que possiblement comunicava amb el pis de dalt.

– Gira't i agafa cadira.

Vaig fer un tomb per la sala fins que em vaig asseure en una cadira enfront de l'escala de cargol.

– ¿Puc fumar?

– No – digué secament.

— Vaig desarmat.

— Obri't la jaqueta.

Me la vaig traure a fi que estigués més tranquil, i tot seguit em vaig palpar les butxaques del pantaló per tal que comprovés que no duia armes.

— ¿Què, puc fumar?

— Calla, malparit!

S'havia plantat a uns tres o quatre metres de mi, de cul a l'escala i apuntant-me al pit. De la cadira estant observí les sabates de Butxana en un revolt dels graons. Baixava a poc a poc; massa lent per al meu gust.

— Escolta, Florian, jo sóc periodista. No tinc res a veure amb Cortés...

S'acostà cap a mi apuntant-me a la cara; a l'iniciar les passes, el seu moviment provocà un soroll que aprofità Butxana per saltar i posar-li el canó de la pistola a la nuca.

— Tranquil i amolla el ferro.

No va soltar l'arma. Mirava de reüll a una banda i l'altra, sense deixar d'encanonar-me, dubtant quina decisió podia o havia de prendre. Va llançar l'arma al sentir-se amenaçat el bescoll. Vaig sospirar alleujat i després li vaig ventar amb l'esquerra al rostre.

— Això, per l'estoneta que m'has fet passar.

— I per a què vages fent boca — afegí Butxana —. No saps el que t'espera si t'encabotes a no parlar.

— Estàs acovardit, oi? — el vaig galtejar —. Aploma't, que no vull desfigurar-te la cara. Hem de parlar de moltes coses. Pots escollir una conversa amb mi o una visita a cal Cortés. Es mor de ganes de saludar-te.

— No caldrà portar-lo — digué Butxana —. Si el macarró no garla li clavaré un quilo de plom per l'escletxa del cul.

Vaig encendre un cigarret. Mai no se sap quin serà el darrer.

— ¿Per què has matat Mabel?

— Jo no l'he morta!

— Aquests cabells eren a la casa verda. Són d'ella.

Romangué callat mentre miraba el bleix de pèls rogencs.

— Parla o et fotré d'hòsties fins en el carnet d'identitat.

— Quan vaig arribar ja era morta.

Li vaig colpir l'estómac.

— Ara em diràs que es punxava...

— No... — es queixà, doblant-se per la panxa —. Van haver de matar-la. Era necessari.

— ¿Necessari? Fill de puta!...

Li vaig prendre la pistola a Butxana i li vaig apuntar al pols del cap.

— Espera! — cridà patètic —. Jo no la vaig matar. T'ho jure. Va anar a la casa i va descobrir que tenien segrestat Bernat Ros. Ella tenia clau... — començà a ploriquejar i caigué de genolls.

— Entrem en matèria, Barrera — bleixà Butxana.

— Jo no la vaig matar... — repetí Florian, amb els ulls fits al terra, implorant.

El vaig aixecar per les solapes. Butxana em va traure la pistola de les mans i llavors vaig fer una profunda pipada al cigarret.

— ¿On són els mil milions del rescat? — li preguntà Butxana.

— No han pagat.

— ¿Ah, no? — vaig exclamar —. Aleshores, ¿qui s'ha carregat als dos paios de la casa verda?

— No ho sé. Han vingut per nosaltres al migdia, han entrat a la casa i han començat a disparar.

— I tu t'has salvat.

— Jo no estava.

— Doncs algú t'ha avisat — intervingué Butxana.

— Jo, jo l'he avisat.

La veu provenia de l'escala de cargol. Duia una pistola i una taca de sang a l'avantbraç dret. Per fi quadrava la suma; era el del Fiat. Butxana continuà apuntant Florian.

— Si disparem tots farem una carnisseria inútil. ¿No creus? — digué caminant des del peu de l'escala.

— Francament, sí — admeté Butxana sense girar-se —. Però si t'entestes...

— Deixeu-lo lliure i guanyarem tots — es va situar davant nostre.

— Em sembla que ens coneixem — somrigué Butxana, mirant-lo.

— ¿Qui és? — vaig preguntar.

— El xofer de don Bernat, però sense perruca — clarificà Butxana —. El món és un calaix ple de sorpreses.

— Tu ets el periodista, oi? — m'assenyalà el xofer.

— I tu el que ordenares que entraren al meu pis.

— Estaves massa interessat amb la mort de la puta.

— O siga que vaig tenir sort. Si m'hi haguéreu trobat, m'hauríeu fet la fel.

— Ara ens interesses ben viu — féu una ganyota de dolor a causa de la ferida.

— Estàs perdent sang — vaig dur-me la mà a la butxaca.

— No et mogues!

— Volia oferir-te el meu mocador.

— Tant se val. Marxarem de seguida. Abans et donaré material per a una història. Aquest segrest l'ha ordit l'advocat Lluís Ribes, el portaveu de la família.

— Amb la connivència de Bernat Ros.

— No, ell no sabia res. Potser ara ho sàpiga, però ja ha fet tard; és a mans de Ribes. L'advocat es va posar d'acord amb mi per a planejar el segrest, i jo el vaig maquinar.

— Només que vas cometre l'error de contar-li tots els detalls a Ribes. ¿Com ho vas preparar?

— Don Bernat és homosexual. Jo li facilitava la companyia de jovenets buscant-los en alguns ambients de la ciutat. Li'ls portava a un pis. Tot molt discret, en atenció al bon nom del client. Vaig convéncer dos joves habituals en les visites prometent-los una bona suma de diners si m'ajudaven en el pla. Florian i jo faríem la resta.

— I una vegada segrestat Ribes, vos envia una banda de matons per liquidar-vos a tots, representar el número de Terra Lliure i justificar els diners pagats.

— Així ha sigut.

— L'advocat sap on trobar goril·les, oi?

— Desconeixia eixa faceta d'ell.

— Doncs ho teniu clar. Vos ensuma la panera la policia, els matons, i a partir de demà els detectius de la casa d'assegurances Lloyd's.

— Demà estarem lluny d'ací. Vinga, solteu Florian.

— Sou dos cadàvers — féu Butxana.

— Solta'l — insistí el xofer —. No paga la pena que ens matem tots per no res. Aquesta història ja té suficients morts.

— Deixa'l anar, Toni.

— No em refie.

El xofer es guardà l'arma a la butxaca.

— ¿Estàs més convençut, ara? — digué mirant Butxana.

Vaig fer unes passes fins a l'entrada del pis i vaig obrir la porta de bat a bat.

— Deixem-los anar — vaig repetir.

Toni va baixar el braç que mantenia la pistola. Amb no pocs temors, Florian resolgué avançar uns metres i es va quedar quiet, a tocar del xofer. Després tots dos se n'eixiren del pis. Abans, però, el xofer es va encarar amb mi.

— ¿Escriuràs tot açò, periodista?

— En calen dos testimonis.

Somrigué amb tristesa mentre bellugava el cap en un gest d'escepticisme.

— ¿Testimoniar? ¿Contra qui? ¿Quant de temps creus que duraríem?

— No més del que durareu escapant.

— Almenys tenim la possibilitat d'intentar-ho.

— No és molt — vaig respondre, tot i reconéixer que era l'únic que podien intentar.

Florian l'esperava al llindar de la porteria. El xofer brandà el cap amb resignació i baixà les escales. S'embolicà un mocador a la ferida i marxaren a buscar el cotxe.

— La parella de colomets no ha pogut fer possible el somni milionari — exclamà Butxana.

— No són ni millors ni pitjors que Lluís Ribes. Senzillament no els ha eixit bé la jugada. Si l'advocat no els hagués entabanat potser ells ho hagueren fet amb els dos xaperos per després vendre-li el silenci a Ribes a un preu alt.

— En definitiva, els xaperos tenien un contracte de vida més aviat curt.

— Evidentment. El xofer i Florian necessitaven dos imbècils.

— I Ribes, quatre; però ara té el problema de trobar els dos que li resten.

— L'advocat té bones amistats. D'altra banda, vius tampoc no valen gran cosa. Seria la declaració d'un xofer sospitós i delinqüent contra la d'un home de conducta aparentment irreprotxable; en el cas improbable que volgueren acudir a la policia.

— O siga, que no els hauries acceptat de testimonis.

— Supose que no.

— No t'entenc, Barrera. Arrisques la vida per aconseguir les coses i quan les tens a les mans no t'importa deixar-les anar. És desesperant, ni tan sols ho fas per vanitat professional! De vegades pense que ets l'únic individu capaç d'enviar els seus propis somnis a la merda.

—¿Saps, Butxana? Recorde el que em digueres despús-ahir, quan et vaig trobar al Club Español de Tenis: «La diferència entre els rics i nosaltres és que ells no necessiten somiar». En algun lloc he llegit que els somnis són la impotència de la realitat. Ribes els ha fet reals, però; en canvi, Florian i el xofer continuen immersos en un somni incert i funest. Acaçar dos infeliços no entra en els meus plans. De totes maneres, lamente haverte barrejat en l'afer. Duies una vida tan plàcida...

—No estic amoïnat; m'he vist moltes vegades en situacions semblants, però m'agrada arrodonir les faenes.

— I ¿què collons vols que faça?

—Busca't una bona xica, porta una vida tranquil·la i deixa de fer l'excèntric, cony!

— Posats a donar consells, podries esmerar-te.

—Procuraré fer-ho la pròxima vegada, però ara mone a sopar.

Butxana desconnectà el llum i el pis es féu fosc. Tot era alhora negre i aparentment senzill. Tres persones havien mort, dos tenien quasi tots els números d'una tómbola macabra i un altre eixia beneficiat d'un muntatge econòmic que tenia un perdedor entrampat. La representació pública de la farsa tindria l'epíleg en la roda de premsa del sendemà. Si hi havia un espectador invitat, eixe era jo, i allí estaria.

X

S'havia girat una mica de vent i feia la impressió que la nit onejava. Recorreguérem el carrer en silenci. Butxana esbocinà en petits trossos el paper d'una multa enganxada sota el parabrises. Dins el cotxe féu un glop de whisky. Jo vaig refusar; tenia fam. Des de l'apat casolà del dia anterior encara no havia menjat res sòlid. Férem cap a la taula d'un restaurant argentí i ens asseguérem a la vora del braser on torraven la carn, a poca distància del televisor, atents a les notícies del programa esportiu del canal autòcton. Vingué el gaucho.

– Xulles de corder, ensalada murciana i una botella de negre – sol·licità Butxana.

– ¿Rioja?

– I a ser possible del vuitanta-dos.

El gaucho prengué nota i se n'anà tustant-se els bigotis.

– ¿Hi hagué una bona collita el vuitanta-dos? – que jo m'interesse.

– La millor fou la del setanta-cinc, però només la demane quan sope amb els amics de Maite. Es posen frenètics.

En la pantalla del televisor aparegué la imatge de Tonino Bru. A petició nostra el cambrer alçà el volum. El presentador anuncià a l'audiència que tenia a l'estudi l'home de ferro; l'home que en poques setmanes podria restituir a València la corona europea dels pesos pesants. Un títol continental, insistí el presentador, que faltava de la ciutat des que Baltasar Sangchilli, allà pels anys trenta, es proclamà campió d'Europa del pes gall. Consumit el pròleg, el qüestionari evidencià les mancances dialèctiques de Tonino, més habituat a expressar-se amb el ganxo de dreta. Tan sols va perdre la timidesa quan el periodista, que sabia de boxa el mateix que Tonino de física quàntica, li va preguntar en quin assalt tombaria l'adversari. Al quart, contestà Tonino, amb la particular fermesa dels que estan abocats a una decisió dràstica. Llavors, el manàger va somriure ben cofoi. A Rocky potser li estaria bategant el cor escoltant el vaticini del seu amic. Amb el títol a la butxaca, Tonino pujaria de valor, travessaria l'Atlàntic i exigiria a l'inversionista la presència de Rocky al racó, per tal que li calcés els guants, li guarís les celles amb una pomada antiinflamatòria o llancés a temps la tovallola al ring, abans que el rigor inapel·lable d'un combat acabés amb l'única il·lusió que podien fer possible. No em vaig estar d'imaginar mon pare davant del televisor, junt a Rocky, interrogant-se en silenci sobre la utilitat dels somnis, ell que havia fet de la seua realitat una derrota humiliant.

El presentador desitjà bona sort a Tonino i canviaren de tema parlant de la temporada d'esquí. Del braser, el gaucho ens dugué una safata plena de xulletes i el Rioja.

— ¿Creus que el pare de Mamen estarà implicat amb Ribes? — em preguntà Butxana.

– ¿Per què ho dius? – contestí amb una altra pregunta.

– Pel vi. És de la casa Olite, el pare de Carlitos, i m'ha vingut al cap el consogre.

– Tant fa. No sabrem mai si en la compra dels solars de Bernat Ros han intervingut els dos o només Ribes.

– Potser demà a la roda de premsa ho aclarirà l'industrial – ironitzà Butxana –. ¿Hi aniràs?

– Sí, sóc periodista.

– T'entusiasma la mala vida.

Exceptuant una mica d'all i oli i un munt d'ossos repelats, la safata va quedar buida. El Rioja que no ens poguérem beure de la segona botella ens el sucàrem amb llesques de pera que ens havien dut de postres.

– ¿Et porte a casa? – es brindà Butxana havent sopat.

– Al diari. Vull rematar uns quants treballs pendents i prendre'm uns dies de vacances. Me'n deuen tres de l'estiu passat.

Butxana pagà el compte i un parell de cigars de procedència cubana amb la targeta d'or del Banc de Santander. Després pujàrem al cotxe i conduí a poca velocitat mentre assaboríem el tabac tropicà amb calades profundes, fins que, arribats al carrer del diari, isqué del vehicle per dir-me adéu oferint-me la mà.

– Bo, Barrera, he passat una estona meravellosa i trepidant al teu costat, però si els pròxims mesos necessites algú no em crides. Regresse al corral. No em refie del xino, aquell mamó deu estar frotant-se les mans pensant que no torne.

— Ho té clar — vaig dir jo, i rubricà el somriure posant èmfasi en l'encaixada.

Quan va marxar no em vaig sostreure a la idea que, allí mateix, a recer d'una ombra difusa en la penombra de la nit, Butxana deixava un incís, un parèntesi impossible de tancar. Vaig fer l'última pipada al cigar i el llancí contra la base d'una palmera de tronc oscil·lant.

Aleshores vaig travessar el carrer i bon punt vaig arribar a la redacció em vaig preparar un gin-tònic al bar privat de la sala de reunions dels consellers del diari. Més tard, ja a la meua taula, vaig ordenar l'escampadissa de fulls i em vaig asseure de cara a la màquina d'escriure davant la perplexitat dels vigilants. Eren les dotze i vint minuts, la planta estava en silenci, amb només el teletip de l'agència Efe funcionant i el redactor de tancament en tallers. La soledat nocturna va afavorir la fluidesa entre el pensament i l'acte mecànic de l'escriptura. Dues hores després tenia enllestit un reportatge sobre l'entorn social de Bernat Ros, en què em feia ressò de la pòlissa d'assegurances i, en columna a banda, feia menció peculiar de l'important enllaç matrimonial entre Carlos Olite i la senyoreta Mari Carmen Montagud, filla del soci del segrestat. «La boda de l'any», vaig titular la columna. De gust hauria titulat el reportatge «La gran entabanada». A saber, però, si els testimonis no eren a hores d'ara una parella de cadàvers. Potser hauria pogut escriure alguna cosa de Mabel per a les pàgines de successos; unes poques ratlles, a tot estirar: «El germà d'una puta assassinada ven la pell al clínic i amb els diners assisteix a un combat de boxa a Ginebra». O aquest altre: «Un periodista aconsegueix la fama al posar al descobert la farsa d'un segrest, gràcies a l'assassinat d'una puta». No quedava del tot malament i cabia en qualsevol racó de la secció, però els lectors estaven més ansiosos per mirar-se a l'espill de l'oci social de les classes benestants. I entre els uns i els altres estava jo, de corretja de transmissió.

Vençut per la fatiga, amb un vague desig d'abandonar-me, vaig estirar-me al sofà de la sala de reunions provant d'agafar el son. Les parpelles em pesaven i vaig caure de seguida en un somni blanc i feixuc. Arran de les vuit del matí, la dona de la neteja va penetrar a la sala i esverada em va sacsejar els muscles.

– ¿Què fa vosté ací? – digué sense amollar el cigarret dels llavis.

Em vaig fregar els ulls amb els punys.

– Sóc de la casa, senyora – li vaig dir mirant de calmar-la.

– No el conec.

– Ni jo a vosté tampoc. Tenim horaris distints, però treballem en la mateixa empresa.

– No tindrem el mateix conveni – féu la dona amb un bri d'ironia.

– Segurament – vaig contestar jo, persuadit que en allò que tocava a l'augment linial no hi hauria massa diferències. Em vaig alçar i, desemperesint-me li vaig dir –: Que tinga un bon dia, senyora.

– Igualment, company. I a vore si apreteu als mamons de la patronal – em renyà abans de posar-se a escombrar.

– Passaré l'encàrrec al comité – vaig dir, agafat al passamà de l'escala.

L'entrada del personal d'administració encetava l'horari laboral de l'empresa. Una brigada de dones de la neteja s'ocupava d'endreçar les tres plantes de la redacció, fregant el terra, buidant enormes cendrers ataconats de burilles i obrint de bat a bat els finestrals. Els teletips iniciaven la informació rutinària. Les agències Efe, Otr Press i Lid notificaven la mort de l'emperador Hiro Hito, mentre la informació local afegia detalls i anècdotes sobre el segrest de Bernat Ros. El President de la Generalitat i el de les Corts visitaren anit l'industrial. Entre els nombrosos telegrames de solidaritat que havia rebut la família, les agències destacaven el de la casa reial espanyola, els dels comités sindicals de les empreses de Ros i els dels partits parlamentaris.

Davant la impossibilitat de rentar-me les dents vaig encendre un cigarret per mirar de rebaixar-me el gust de boca. Damunt la taula vaig deixar-li una nota al Noi: «Si ens veiem en la roda de premsa parlarem sobre el torn de les mini-vacances, si no ja ho farem d'ací a tres dies, quan jo vinga». I una addenda: «Al calaix de l'esquerra tens un reportatge per al Magazine del diumenge. Posa tu mateix els titulars. Trilita té les fotos». Després, abans d'eixir al carrer, vaig parlar amb l'auxiliar del gerent per tal que m'avançaren uns diners.

M'adrecí al Rambo. El cel estava gris, presagiant pluja. La gent s'arrombollava sota els coberts de les parades dels autobusos, l'avinguda amb prou feines engolia el trànsit habitual i les voravies enregistraven el pas de les dones cap al supermercat i dels xiquets que, encara ensopits, acudien, callats i en silenci, a l'escola. De la redacció al bar paguí un peatge de quaranta duros: vint a un indigent que m'enlairà una botella de conyac buida, i vint més al trompeta d'una família gitana, que, amb indubtable autoritat, aconseguia mantenir quieta una cabra en l'espai d'una rajola aguantada per dues columnes de fusta.

La barra del bar estava concorreguda i vaig agafar cadira en una taula del racó. Vaig fullejar els diaris. Bernat Ros, l'aniversari de la revolució cubana, el fitxatge de Koeman pel Barça i tres accidents laborals (dos paletes estimbats d'una bastida i un duc caigut en les pistes d'esquí de Vail) es repartien les diverses primeres planes dels distints diaris, en funció de la procedència regional del rotatiu. A cuita-corrents Rambo em va servir dues magdalenes i un café amb llet, vessant la tassa. Tan atabalat anava que no es va sorprendre de la meua presència al bar a aquelles hores. Va deixar el tiquet, això sí, i cuitós va tornar darrere el taulell. Tan aviat com vaig desdejunar vaig resoldre anar al xalet de la família Ros, tot i que la roda de premsa estava convocada per a una hora després. Vaig parar un taxi.

No tenia ganes de parlar. Arrepapat al seient vaig deixar perdre la vista fitant el sostre del cotxe, però així que el taxista va esbrinar la meva professió i el lloc on anávem no va estar-se de fer comentaris justiciers. Arribats a l'entrada de la urbanització, se sotmeté agradós a la meticulositat del vigilant jurat. Després, recomanant-me fermesa, es va aturar a la porta del xalet i féu mitja volta.

La policia s'aprestava a custodiar el pas d'entrada. No vaig veure el cotxe oficial de Tordera i vaig fer una mica de temps passejant, arredossat pel silenci ambiental i fumant un cigarret. Des de la punta del carrer vaig observar l'entrada de Lluís Ribes, acompanyat d'un individu que em va semblar Tordera. Aleshores vaig tirar el cigarret i, bo i mostrant la credencial de periodista, vaig intentar, en va, entrar al xalet.

– Encara no és l'hora – s'oposà un policia d'uniforme.

– M'ha convocat el comissari Tordera. A les nou i mitja – vaig assegurar mirant el rellotge.

Els dos policies es miraren. El que tenia la credencial entre les mans m'indicà amb les celles l'interior del xalet.

– Passe – resolgué.

Vaig anar directament a l'edifici per on suposava que havien entrat Ribes i Tordera. Dos empleats netejaven el terra de fulles caigudes d'un arbre plataner. Una minyona fregava amb un drap les finestres de la planta baixa mentre el jardiner retallava curosament l'alçada de la bardissa. Vaig pujar per l'escala que menava a l'indret on havien convocat la roda de premsa anterior. No hi havia ningú. Abandonava l'estança quan per una de les portes d'una punta aparegué Mari Carmen Montagud. Pretenia travessar d'un extrem a l'altre, però, tot just es va adonar de la meua presència, va desistir i se n'isqué per la mateixa porta. Vaig córrer fins allí, em vaig endinsar per un passadís i vaig aconseguir retenir-la abans que es fiqués en una habitació.

— Al marge que m'odies continuem sent dos vells coneguts — vaig dir panteixant mentre la subjectava pel braç.

— T'agrairia que no em molestares mai més — féu amb to nerviós.

La vaig soltar i li vaig demanar excuses amb un gest que era alhora de resignació.

— No tinc cap intenció de molestar-te. Mira, vull parlar amb Lluís Ribes i tu pots facilitar-me l'entrevista. A banda d'això no vull res més — vaig somriure —. Excepte si et trobes sola i necessites un moment de companyia. Els tipus com jo només servim per a les urgències.

M'aventà una bufetada amb tota la força de què era capaç, que no era massa, però serví perquè recuperés la tranquil·litat.

— Una vegada parle amb Ribes ja no em tornaràs a veure — la vaig persuadir.

Semblava meditar-se la decisió, mirant a una banda i l'altra del corredor.

— Vine — sospirà.

La vaig seguir per una petita escala de marbre i va obrir una porta.

— Espera't ací — digué, i se'n tornà al passadís.

Em vaig quedar al pas de la porta, amb una mà recolzada a l'angle del marc, fitant el moviment insinuador de les seues natges graons amunt. Quan la vaig perdre de vista, vaig entrar dins. L'estança era ampla i llarga, amb llibreries clàssiques per tot arreu i una xemeneia precedida de dues confortables butaques i un carro ben provist de begudes. Vaig fer una ullada als llibres. Predominaven els volums d'economia, però també hi havia l'Enciclopèdia Britànica, les obres de Blasco Ibañez, l'*Enciclopedia de la Región Valenciana*, i altres de música, medicina, història universal... Em vaig posar una copa de conyac mentre observava el Sorolla exposat en la campana de la xemeneia. Les indigències culturals de la burgesia valenciana s'exhaurien amb Sorolla i Blasco Ibañez.

— ¿Preguntaves per mi, Barrera? — féu Tordera, fregant-se les mans i caminant cap al carro de les begudes.

Se serví un conyac.

— Sembla que han equivocat la comanda — vaig dir.

— O potser t'has equivocat de missatger. De totes maneres, el senyor Ribes està molt ocupat i no rep periodistes. Si necessites que t'aclarim algun detall relacionat amb el segrest m'ho dius i procuraré complaure't.

— No m'agrada parlar amb els subalterns.

— ¿El sarcasme va dedicat?

— Amb tot el carinyo, Tordera. Tu i jo ens tenim massa confiança per parlar-nos amb subterfugis.

— Massa confiança, en efecte.

— Vull parlar amb Ribes — vaig insistir —. No m'importa que estigues davant, però és amb ell amb qui he de parlar. Alguns punts no encaixen i voldria contrastar-los.

— ¿Per exemple? — remenà la copa de conyac.

– M'ha estranyat no veure el xofer per la casa.

– L'han despatxat.

– Pensava que era l'home de confiança de Ros.

– Ho era; però si ha fallat en la missió de guardar-li les esquenes a don Bernat, el més lògic és que l'acomiaden. Estem en un sistema d'economia lliure.

– ¿Quan l'han despatxat?

– Sembla que aquest matí.

– I ¿per què no ho feren el mateix dia que segrestaren Ros?

– La pregunta te l'hauria de contestar el senyor Ribes, però ja saps que no rep periodistes.

– Tu només saps el que t'interessa. Com a funcionari públic hauries de ser una mica més perspicaç. O potser ets més llest del que pense. Has desdejunat amb Ribes i t'ha donat les ordres.

– Desdejune amb qui em ve de gust.

– D'acord, Tordera, si ho prefereixes faré totes les preguntes en la roda de premsa.

– No hi haurà roda de premsa. S'ha desconvocat.

– ¿Per què?

– Els metges troben el senyor Ros molt delicat per a sometre'l a la tensió d'un grapat de periodistes.

– La ràdio digué ahir que l'industrial presentava un bon estat de salut.

– Es veu que en el curs de la nit ha empitjorat.

– Ben mirat, és possible. Després de l'ensarronada que li ha preparat el seu amic Ribes, té per a morir-se.

– Prendré en compte tot el que digues. ¿Vols fer una declaració oficial?

—Vull que sàpies que no sóc un imbècil: Ribes ha sigut el cervell de tot aquest muntatge.

—¿Quines proves tens?

—Ordena que agafen el xofer i et convenceràs. Ell i Ribes ho han planejat tot. L'advocat ha fet segrestar Ros per fer-se amb gran part de les seues accions. Obligat a vendre els millors solars que li ha comprat Ribes, Ros queda en deute amb ell per valor, no de mil milions, ja que l'industrial ha hagut de vendre forçat per les circumstàncies, sinó potser pel doble... uns diners que l'advocat no ha pagat perquè els segrestadors estan morts o fugits. És a dir, Ribes té ara els diners i els solars, i també té Ros sotmés econòmicament, ja que el deixa sense una de les garanties de solvència que eren els terrenys.

—Ribes m'ha informat que el senyor Ros té una assegurança que li cobrirà les pèrdues.

—Hi ha una clàusula per la qual la Lloyd's no està obligada a pagar si el client no té suficients garanties de seguretat. Se suposa que el xofer no complia amb aquest requisit, i menys encara si ha desaparegut. Entabanat i ben entabanat.

—Si la teua història fos certa, el senyor Ros encara tindria la possibilitat de denunciar el seu soci.

—Podria, però no crec que estiga disposat a l'escàndol. Si Ros vol cursar una denúncia es posarà al descobert tot el muntatge i aleshores se sabrà que l'industrial és homosexual, feblesa que va utilitzar el xofer per organitzar el segrest. Inclús se sabria que els diners amb què Ribes ha pagat el segrest provenen del tràfic d'armes, subtilment reflotats mitjançant l'empresa Bloking.

– ¿Com ho saps?

– M'ho digueren els de Terra Lliure el dia que em van desmentir la reivindicació.

– Amb unes fonts així no m'estranya que se te dispare la fantasia.

– Més encara, sabien que les empreses de Ros no travessaven un bon moment econòmic. Creus que sóc un boig, eh?

– En tens els símptomes.

– Et donaré una adreça en un lloc de la platja. És una casa abandonada on trobaràs el cos mutilat de dos xaperos utilitzats d'esquers en el segrest.

– Amb les mans seccionades i la cara irreconeixible. Se t'han avançat, Barrera. Una telefonada anònima ens ho ha comunicat aquesta matinada. Un ajust de comptes entre bandes de traficants per dominar el mercat.

– ¿Has inspeccionat la casa?

– Personalment.

– Doncs allí tenien retingut Ros.

– Ho dubte, no tenia les condicions adequades. Els terroristes locals van sofisticant-se.

Li vaig donar els casquets de les bales i el bleix de cabells de Mabel.

– Ho vaig trobar a la casa.

– ¿De qui són? – digué mirant els cabells.

– D'una puta.

– Ah, bo – féu, guardant-se'ls a la butxaca –. ¿Saps, Barrera? Em sobta que hages esbrinat tantes coses.

— He tingut molta sort, no hi havia cap policia investigant. A propòsit, Tordera, ¿per què et prestares a silenciar durant uns dies el segrest?

— La família m'ho va demanar per poder negociar amb més tranquil·litat. Es tractava d'un acte humanitari.

— I d'un agraïment. Ribes forma part de l'Associació d'Empresaris Banquers que forçaren la caiguda del comissari Garcia i el teu ascens.

— Garcia va pagar els errors d'una gestió policial; no aconseguí atrapar la banda de sudaques que es dedicaven a la falsificació de xecs.

— És curiós, quaranta morts impunes per sobredosi no es compten com a error policial, però ho és en canvi fallar quan els interessos dels bancs estan pel mig.

— No és curiós, és real com la vida mateixa. I no caldria que t'ho digués si no fores un ressentit. La gent com tu odieu els rics perquè especulen amb solars sense adonar-vos que els pobres ho fan mentalment. La diferència és que uns tenen la possibilitat de fer-ho i els altres no.

— Ets un bon empleat, Tordera.

— Només sóc un peó, igual que tu, i els peons no fan mai escac i mat, tot i que els grans jugadors del segle XVIII deien que els peons eren l'ànima de la partida; però, amic Barrera, a les acaballes del segle XX decideixen les figures.

— És sorprenent que sàpies tant d'escacs.

— A Xefatura organitzàvem campionats.

— Supose que Garcia no participava.

Va somriure. Es begué pausadament la copa de conyac i tot seguit petà la llengua contra el paladar.

– T'acompanyaré a la porta, Barrera. Hi ha moltes habitacions i et podries confondre.

Vam eixir als jardins que eren darrere de la casa per una porta lateral, sense travessar l'edifici per desig exprés de Tordera. A sota d'un gesmiler hi havia una taula i unes cadires ocupades per Mari Carmen Montagud, el nóvio i algunes persones més que desconeixia. Prenien café aprofitant una mica d'escalfor del sol que es filtrava entre els badalls dels núvols. El grup fixà la vista en nosaltres. Tordera els va saludar cordialment i d'eixa manera fou correspost per Carlos Olite. Mamen es va agafar a la mà del seu promés i em va adreçar una mirada tibant. Hi havia en el seu rostre una espècie d'altivesa inaccessible, el gest d'un rencor capritxós.

Tombàrem per un caminet a redós de dues fileres de bardissa i arribàrem a una punta del xalet; eixírem per una porta distinta a la principal. Tordera estirà els braços:

– M'agrada la pau que es respira a les urbanitzacions. ¿Portes cotxe? – em va preguntar.

– No. Esperava trobar-me amb algú de la redacció.

Observà el rellotge.

– He d'anar a la ciutat. Si vols pots vindre amb mi. No hi ha taxis a la zona.

– Vaig amb tu, doncs.

Alçà la mà per cridar l'atenció d'un petit grup de policies d'uniforme i va demanar el seu cotxe. Durant molts anys Tordera va enlairar la mà per a Garcia. Pujàrem al seient posterior i després de comunicar al xofer l'adreça del diari encenguérem un cigarret i guardàrem silenci. La urbanització estava situada en un turó de poca rellevància, però amb suficient altura per veure una panoràmica de la ciutat com un bosc de ciment emboirat, que a poc a poc anava esvanint-se a mesura que la carretera assolia el nivell normal. A l'entrada d'un dels pobles del cinturó metropolità, el semàfor d'una cruïlla va formar una cua extensa de cotxes. Aleshores, Tordera em va pregar que el disculpés, però es trobava cansat. Havien estat uns dies tensos, afegí. Va estirar les cames i, acomodant el cos al seient, va recolzar el cap contra la finestreta. El vaig observar atentament uns instants, breus, perquè poc després becava amb la placidesa que atorga el somni complit.

Aquesta edició de
Cavall i rei,
de Ferran Torrent,
s'ha acabat d'imprimir,
a Barcelona, el mes de setembre
del mil nou-cents vuitanta-nou.

Altres obres de Ferran Torrent
en aquesta editorial:

PENJA ELS GUANTS, BUTXANA

UN NEGRE AMB UN SAXO